Entre Orfe(x)u e Exunouveau

FÓSFORO

EDIMILSON DE ALMEIDA PEREIRA

Entre Orfe(x)u e Exunouveau

Análise de uma estética de base afrodiaspórica
na literatura brasileira

A Prisca, companheira de vida e de escrita

11 INTRODUÇÃO

17 LUGARES DE FALA DA AUTORIA AFRODESCENDENTE NO BRASIL
17 Do contraste à síntese
24 O cânone literário: referência e ruptura
28 Por um ângulo de visão dos excluídos: literatura e engajamento
44 Por um ângulo de visão dos excluídos: literatura e invenção
52 Uma literatura para um Brasil-enigma

66 SOBRE UMA EPISTEMOLOGIA AFRODIASPÓRICA
66 Os significados da tradição
89 Os eixos banto e iorubá da epistemologia afrodiaspórica
93 O eixo banto da epistemologia afrodiaspórica
96   As vivências dos devotos
100   Um livro e seus embates sociais
109   Novos termos para realidades socioculturais específicas

114 ENTRE *ORFE(X)U* E *EXUNOUVEAU*: OU PARA UMA ESTÉTICA DE BASE AFRODIASPÓRICA
114 A teoria da produção textual e a linguagem sagrada
117 O eixo iorubá da epistemologia afrodiaspórica
122 O que se diz e como se diz sobre o indizível
134 O logos de Exu e a criação poética
137   O modo *Orfe(x)u*
170   O modo *Exunouveau*

197 CONSIDERAÇÕES FINAIS

204 AGRADECIMENTOS
206 NOTAS
226 REFERÊNCIAS BIBLIOGRÁFICAS
237 ÍNDICE REMISSIVO

Parlo con le ombre, sí, ma parlo chiaro.

Meridiana, anônimo século 16
Ticino, Svizzera

Introdução

O presente ensaio aborda as relações das matrizes estéticas afrodescendentes (particularmente no âmbito do discurso poético) com os cenários históricos e sociais que revelam, ao mesmo tempo, uma aceitação e uma recusa das heranças afrodiaspóricas na sociedade brasileira.[1] Fruto dos resquícios de uma mentalidade escravista e patriarcal, e da discriminação racial, esse viés contraditório da sociedade brasileira tem nos privado, com frequência, do acesso às diferentes matrizes culturais afrodescendentes que no Brasil e em outros países, também marcados pelos dilemas do colonialismo e da escravidão, contribuíram para a formulação de experiências estéticas instigantes (por estimularem a superação de barreiras étnicas, políticas e ideológicas) e inovadoras (por apontarem o diálogo entre as diferenças como um agenciador de discursos e práticas inclusivas).

Em face disso, apresentamos uma tese sobre a configuração de um modelo estético cujos desdobramentos na linguagem poética remetem a uma interpretação de mundo segundo as matrizes culturais iorubás articuladas em território brasileiro. Buscamos assim consolidar uma linha de pesquisa sobre afrodescendência e sociedade brasileira desenvolvida desde a publicação em 1988 de *Negras raízes mineiras: os Arturos*, escrito em coautoria com a docente da Faculdade de Letras da UFJF Núbia Pereira de Magalhães Gomes (1940-94); estreitar o diálogo entre a pesquisa acadêmica, as comunidades tradicionais (terreiros de santo e suas famílias estendidas de devotos e colaboradores) e o ambiente literário contemporâneo, e também oferecer informações para atender às demandas da lei nº 10 639, de 9 de janeiro de 2003, que tornou obrigatório o ensino sobre história e cultura afro-brasileira nas escolas de ensino básico. Ao colaborar com a vertente político-pedagógica, procuramos registrar, analisar e valorizar o patrimônio imaterial dessas comunidades tradicionais.

Com base em nosso percurso de pesquisa — iniciado com o mestrado em literatura portuguesa, em 1990, na Universidade Federal do Rio de Janeiro (UFRJ), e ampliado com o mestrado em ciência da religião, em 1996, na Universidade Federal de Juiz de Fora (UFJF), o doutorado em comunicação e cultura na UFRJ, em 2000, e o pós-doutorado em literatura comparada na Universidade de Zurique, em 2002 —, propomos uma estrutura metodológica assim delineada:

1. levantamento bibliográfico dos dados a serem analisados, incluindo a organização de uma antologia poética sobre o orixá Exu, inserida neste texto;
2. leitura interdisciplinar, o que implicou a aproximação com alguns autores ligados às temáticas do chamado Atlântico Negro (Stuart Hall, Paul Gilroy, Leda Maria Martins etc.), cujo recorte teórico os vincula aos estudos culturais; a esses pressupostos, somamos nossas interpretações do objeto de estudo, considerando nosso percurso nas áreas dos estudos de literatura brasileira e portuguesa, antropologia, história e sociologia;

3. análise do corpus poético baseado nas simbologias de Exu, o que resultou na leitura de caráter literário aplicada a textos sobre Exu inseridos em obras de teor antropológico e/ou sociológico; nossa intenção foi ressaltar os aspectos literários desse corpus tantas vezes utilizado para comprovar argumentos de ordem antropológica ou sociológica;

4. proposição de um modelo estético afrodescendente que valoriza a pluralidade e o experimentalismo do discurso poético pela análise do campo epistemológico relacionado à experiência da diáspora africana e pela avaliação de duas possíveis vertentes estéticas derivadas desse campo; tais vertentes foram chamadas de *Orfe(x)u* e *Exunouveau* e têm como origem as reflexões sobre o tema desenvolvidas pela poeta, prosadora e tradutora Prisca Agustoni em seu livro *O Atlântico em movimento: Signos da diáspora africana na poesia contemporânea de língua portuguesa*;[2]

5. aplicação crítica do modelo estético: com base na epistemologia afrodiaspórica proposta analisaremos, no decorrer deste ensaio, um conjunto de poemas, de diferentes autores e autoras a fim de organizar uma microantologia sobre a mitopoética de Exu, complementada por notas e comentários críticos.

Antes de prosseguirmos, faz-se necessária uma explicação do ponto de vista adotado na redação deste estudo, a voz em terceira pessoa, embora conste uma seleção de poemas de nossa autoria. Além disso, por se tratar de um texto cujo objetivo é desenhar a trajetória acadêmica de seu autor — ou seja, uma espécie de memorial —, seria natural o uso da primeira pessoa. Contudo, por uma questão estilística, mantivemos a terceira pessoa, pois associamos, com esse recurso, o trabalho atual aos demais que o antecederam e foram redigidos da mesma forma. Nossa intenção é reforçar a lógica de uma trajetória de mais de três décadas de pesquisa que, dentre outros temas, privilegiou as questões da afrodescendência.

O presente ensaio pode ser visto, portanto, como um capítulo de um longo estudo que vem sendo desenvolvido desde 1988. Em decorrência disso, optamos também pela terceira pessoa ao analisarmos as obras que produzimos a partir das vertentes estéticas *Orfe(x)u* e *Exunouveau*: as coletâneas *Livro de falas* (1987) e *e* (2014); e os poemas incluídos nos livros *Zeosório blues: obra poética 1* (2002), *homeless* (2010) e *maginot, o* (2015). Buscamos o distanciamento crítico como método para uma abordagem densa dos procedimentos literários aplicados na elaboração dessas obras, ao mesmo tempo que as colocamos em diálogo com obras de outras autoras e autores que utilizaram os recursos da oficina estética ligados às matrizes culturais iorubás.

Esperamos que as análises desenvolvidas neste livro contribuam para compreendermos a complexidade do acervo textual de matriz iorubá (tecido em prosa e em verso, entoado nas casas de santo e reinterpretado na voz poética de autoras e autores de diferentes países, em épocas diversas), que, embora seja o objeto de pesquisa de estudiosos das ciências sociais, nem sempre tem sua dimensão estética apropriadamente ressaltada. Em face dos argumentos desenvolvidos a seguir, acreditamos que a apreensão desse acervo textual e também dos modos de criação propostos — *Orfe(x)u* e *Exunouveau* — nos inclina a vivenciar o ato poético como um ato inerentemente humano, permeado por contradições que lhe conferem densidade e fluidez, impulso e repouso, apropriação e perda. Sob essa perspectiva, o recorte étnico-cultural da matriz iorubá — e, particularmente, do dinamismo da mitopoética de Exu — não significa restringir a aplicabilidade dessa vertente de criação e de interpretação apenas às poéticas de sujeitos afrodescendentes. Ao contrário, pelo que possui de tensão/contradição/

mobilidade e humanidade, essa vertente, derivada da mitopoética de Exu, se aplica a quaisquer sujeitos e instâncias de criação poética, desde que em seus horizontes possamos entrever o respeito às alteridades, a vontade de diálogo e a valorização do experimentalismo estético. Por fim, esperamos que este livro reforce o diálogo das reflexões que se estabelecem na fronteira entre a literatura e a etnografia, a literatura e a antropologia, a literatura e a história — lugares, enfim, de articulação de interpretações críticas necessárias para uma melhor compreensão de nossas vivências sociais.

Lugares de fala da autoria afrodescendente no Brasil

> *Não, não queremos alcançar ninguém. Queremos, isto sim, marchar o tempo todo, noite e dia, em companhia do homem, de todos os homens.*
>
> Frantz Fanon[1]

DO CONTRASTE À SÍNTESE

Em seu livro *O ofício de escritor: dialética da literatura*, Nélson Werneck Sodré observa que entre os muitos aspectos que conformam esse ofício revelam-se como fundamentais "o de captar a realidade e o de transpor a realidade para a literatura".[2] Sem nos atermos aos mecanismos que transformam a primeira experiência (compartilhada pelos sujeitos em sociedade) num exercício específico (realizado pelo escritor mediante o emprego da língua em condições apropriadas à reiteração ou à ruptura das normas gramaticais), consideramos que o relacionamento entre esses aspectos constitui um desafio permanente para o escritor ou a escritora, independente da tendência literária à qual esteja filiado ou filiada. Há que se ressaltar que, em certas circunstâncias, esse desafio se reveste de um caráter dramático que coloca em xeque as próprias dimensões da realidade e da sempre discutível função da literatura.

Na literatura brasileira contemporânea, esse tema — que, em outras instâncias, esteve diluído, mas não de todo ausente das discussões acerca dos modos de se fazer literatura no país

— volta ao centro dos debates, sobretudo quando nos deparamos com o fato de que captar a realidade e transpô-la para a literatura implica definir os espectros da realidade que se evidenciaram para alguns escritores e algumas escritoras a partir das perguntas lançadas por eles ao cenário social que os envolve. Ao abordar essa questão, analisaremos algumas coordenadas que nos permitem estabelecer uma cartografia, ainda que precária, dos modos como a sociedade brasileira tem sido captada e transposta para o discurso literário por alguns de nossos autores e nossas autoras. Para tanto, será relevante retomar a equação que nos define como uma sociedade costurada com as linhas do contraste e da síntese; eleger, dentre outros ângulos possíveis, aquele que revela os pontos de vista de um segmento excluído das instâncias privilegiadas da sociedade brasileira; e, por fim, dialogar com algumas obras literárias que demonstram a emergência de um Brasil desconhecido de si mesmo. Com essas coordenadas, mais que arvorar a fixação de um paradigma da representação da realidade brasileira na literatura, pretendemos ressaltar a fluidez dos modos de representação de nossas várias realidades e, na medida do possível, dimensionar a vigência de um viés crítico-maneirista, em contraponto a uma herança lúdico-barroca, no enfrentamento das questões relacionadas às reflexões sobre a sociedade que podemos realizar através da literatura.

No capítulo IV de *Memórias póstumas de Brás Cubas*, de Machado de Assis, o narrador-personagem pondera: "Deus te livre, leitor, de uma idéa fixa; antes um argueiro, antes uma trave no olho. Vê o Cavour; foi a idéa fixa da unidade italiana que o matou".[3] Recorremos a esse fragmento machadiano para também ponderar sobre uma "certa ideia fixa" que nos norteia quando analisamos os discursos que, de maneira geral, se ocuparam em forjar uma cultura brasileira relacionada ao encontro entre culturas diferentes. A ideia fixa, nesse caso, consiste no estabelecimento de uma equação que extrai a sua eficácia de sua aparente simplicidade. Ou seja, pressupõe-se que do contato entre as diferenças (traduzidas em modelos sociais conhecidos, tais como as relações entre o Novo e o Velho Mundo, o europeu e o nativo, a civilização e a barbárie) resulta uma sensação de espanto que, de forma ambígua, ressalta ao mesmo tempo a impossibilidade do diálogo e o desejo de entretecê-lo. Tem-se, por fim, o reencantamento do contraste e, ainda uma vez, a terra brasileira, apesar de sua estranha realidade, converte-se num paraíso alcançável. Contudo, nessa mesma solução que anestesia as tensões das diferenças subsiste uma inquietação que não tarda a mostrar-nos que os conflitos (camuflados ou não) são, em larga medida, integrantes e, muitas vezes, direcionadores das relações sociais.

Para melhor divisar o que dissemos, enumeramos alguns depoimentos que, embora distanciados no tempo, explicitam a formulação da ideia fixa que viabiliza a passagem do contraste à síntese. Ao chegar ao Rio de Janeiro, em agosto de 1817, acompanhada por membros da Corte austríaca, a futura esposa de d. Pedro I, Carolina Josefa Leopoldina Francisca Fernanda de Habsburgo-Lorena, imperatriz Leopoldina, escreveu em seu diário: "A entrada do porto é sem par, e acho que a primeira impressão que o paradisíaco Brasil faz a todo estrangeiro é impossível descrever com qualquer pena ou pincel: basta que lhe diga: a Suíça unida ao mais belo e ameno céu". Tempos depois, já envolvida com as questões da vida social do país, a imperatriz retoca com tinta amarga aquela "primeira impressão" que julgava ser impossível de representar: "Você supõe que o Brasil seja um trono de ouro; mas ele é um jugo de ferro".[4]

Tendo novamente o Rio de Janeiro como cenário da ideia fixa de contraste e síntese, consideremos um fragmento da crônica "Praia do Pinto", publicada por Vinicius de Moraes, em maio de 1953. Nesse texto, ao contrário de uma ambiência lírica e leve, característica desse gênero de contato imediato com o leitor, Vinicius de Moraes vale-se do apuro estético da linguagem para afrontar um dilema similar ao dos estrangeiros que, de fora, apreenderam a tensão de uma realidade forjada a partir dos contrastes. De dentro, o olhar de Vinicius de Moraes capta a ilusão e o desamparo de um pseudoparaíso que foi costurado, em situações de tensão, com as linhas da desigualdade social e da exclusão étnica. A "impressão" do poeta entrelaça luz e sombra, como a tecer um diálogo entre realidades díspares; no entanto, sob a fina pele dessa síntese, a aspereza do contraste se mantém e destaca a relação entre o esplendor e o horror como um modo historicamente articulado pela sociedade brasileira para ver-se a si mesma:

> Há uma praia dentro de outra praia. Uma é a praia do Leblon, e a outra não é praia — é Praia do Pinto. Há uma praia dentro de outra praia, uma onde vem bater, verde-azul, a onda oceânica, e outra onde vai desaguar o Rio escuro, em sua mais sórdida miséria. [...] Nessa praia que não é praia, é favela, há sim, barracões de lama e zinco cheirando a imundície [...] São negras a carregar não ânforas gregas, mas latas d'água para o cotidiano patético. [...] É música. Música de violões se contrapontando. [...] Às vezes, a voz estelar das pastoras, enredando em fios cristalinos a trama de um samba de enredo ou de uma marcha de sua escola. Adiante os apartamentos miram o mar, o mar que por vezes ruge e se precipita, demagógico, como a querer varrer do bairro a miséria da favela inelutável.[5]

As impressões aqui mencionadas podem ser compreendidas como uma metonímia de um processo social complexo, cuja formulação discursiva tem sido reiterada através da equação do contraste e da síntese. Tome-se como exemplo uma das linhas de abordagem da sociedade brasileira elaborada por Gilberto Freyre, para quem "o Brasil é isto: combinação, fusão, mistura" ou, de outro modo, um "cadinho cultural" no qual as mais variadas formas de violência e desigualdade são, em tese, amenizadas e diluídas.[6] Embora as relações concretas revelem o conflito sob o manto aparente da harmonia social do país, não raro o argumento da síntese foi evocado para fundamentar os argumentos de diferentes teóricos. Uma referência conhecida encontra-se nas análises de Jacques Lambert, para quem "a cultura e, sobretudo, a etnia brasileira são compósitas, mas só existe uma cultura brasileira e a tendência é para que haja uma única etnia brasileira".[7] As fricções que relativizam o significado desse modelo foram assinaladas por Roger Bastide, que se referiu à sua influência no âmbito acadêmico brasileiro e, diríamos nós, também em muitos aspectos da vida cotidiana no país. Em 1954, ao retornar à França, depois de ter vivido dezessete anos no Brasil, Bastide ponderou que, em função do vigor das relações de contraste e síntese, não era inusitado o fato de que os sociólogos brasileiros tivessem caracterizado o país "como reunião de elementos antagônicos e harmonização dos contrastes".[8] O olhar de Bastide sobre os estudos sociológicos no Brasil, nos dias atuais, passa certamente pela chave da relativização. Isso ocorre não pela defasagem de suas percepções, mas porque a elas foram somados o aprofundamento e a diversificação dos métodos de investigação nas áreas das ciências sociais; em consequência disso, estabeleceu-se uma maior compreensão de nossas demandas sociais. Não obstante, não se pode desdenhar da influência que o modelo *contraste/síntese* exerce nos processos de definição dos papéis desempenhados pelos vários atores da cena social brasileira.

Há que se dizer que esse modelo, reapresentado sob novas formas de enunciação, é uma força atuante. Não por acaso, o processo para a eleição presidencial ocorrido em 2014 trouxe à cena o discurso do país dividido. Embora a divisão tenha sido apresentada como algo novo, segundo a visão de muitos cidadãos e órgãos de imprensa, é justo salientar que a lógica da divisão está radicada nas relações que fundamentaram a criação da cena social brasileira colonial e pós-colonial. Pode-se dizer que essa lógica (que acentua a separação e/ou contraste para, em algum momento, reativar a possibilidade da síntese e/ou resolução do conflito através de alianças até certo ponto não esperadas) constitui-se como uma tradição que se renova. Ou seja, aos elementos em situação de contraste e síntese (do tipo europeus/nativos, brancos/negros, libertos/escravos etc. — fortemente hierarquizados e ativados em diversas instâncias da vida social brasileira) aglutinam-se outros que, por resultarem de uma forma de pensamento complexa e ainda não bem dimensionada, forjam um cenário social com alto teor de fricção no qual sobressaem articulações problemáticas à maneira de um esquerdismo/consumista, uma globalização/nacionalista, um liberalismo/misógino etc.

Salvo engano, uma das garantias da eficácia da equação *contraste/síntese* liga-se ao fato de que, historicamente, os sujeitos situados em condição mais favorável realizaram através dela uma apropriação da natureza, que reduplica em si os contrastes e as possíveis sínteses da esfera social brasileira. Essa fração da natureza percebida de fora (vejamos as primeiras impressões registradas por Pero Vaz de Caminha, em 1500, ou as da futura imperatriz Leopoldina, em 1817) ou de dentro (mas à distância) é reificada como uma paisagem desejável, embora ameaçada pelas fissuras das diferenças que a constituem. Em termos literários, essa perspectiva viabilizou a criação de um repertório ficcional no qual se destacam personagens que se nutrem da lógica do *contraste/síntese*. Consideremos, apenas como citação, a seguinte galeria de personagens que encenam a partir do desencontro um encontro permeado de tensões: Martim/português e Iracema/indígena, em *Iracema* (1865), de José de Alencar; Rita Baiana/mestiça brasileira e Firmo/branco português, em *O cortiço* (1890), de Aloísio Azevedo; Gabriela/brasileira e Nacib/árabe, em *Gabriela, cravo e canela* (1958), de Jorge Amado.

No entanto, esse processo que parece reduzir as áreas de atrito oculta uma série de fissuras, já que da síntese Martim/Iracema nasce Moacyr, filho da dor, imigrante e mestiço culturalmente dividido; da síntese Rita Baiana/Firmo procede o "rebaixamento" do europeu que deseja manter a convivência com a mulher mestiça; da síntese Gabriela/Nacib se instaura o jogo entre natureza e trabalho, liberdade e normatização da vida. O mal-estar que impregna a lógica da síntese foi demarcado no poema "Marabá", incluído por Gonçalves Dias em seu livro *Últimos cantos*, publicado em 1851. Marabá, mestiça de indígena e português, é a voz feminina através da qual o poeta exprime a angústia de um sujeito que, em tese, pertence a dois domínios de identidade. Porém, por causa de sua singularidade, termina por não ser aceito por nenhum desses domínios. A síntese, nessa circunstância, revela-se como um vir a ser e não como uma realidade instaurada e sem atritos.

Apesar da predominância da perspectiva do *contraste/síntese* que se consolidou política, cultural e esteticamente, a partir de um olhar eurocêntrico ou de brasileiros em posição social privilegiada, levanta-se a questão sobre as perspectivas dos indígenas e dos africanos e afrodescendentes que têm sido negligenciadas como elementos também instituintes da sociedade brasileira. Diante disso, duas questões se impõem. Na primeira, pergunta-se: que modelo, além do *contraste/síntese*, as comunidades da diáspora negra poderiam gerar se, ao chegarem às terras brasileiras, mal avistavam a paisagem, por estarem confinadas nos porões dos navios do tráfico? E se, quando avistavam alguma paisagem, ela poderia ser o cemitério dos negros novos, no Rio de Janeiro, onde eram sepultados sem os devidos ritos os parceiros e as parceiras de viagem?

Na segunda questão, se o porão do navio e o cemitério são considerados como paisagens inaugurais da experiência, é preciso indagar sobre as modalidades discursivas que os africanos e os afrodescendentes geraram em terras brasileiras. O tema é vasto e complexo, pois envolve a definição da presença do negro na literatura brasileira como personagem e como autoria. No momento, nos ocuparemos da eleição de uma tipologia de discurso que registrou a visão daquela paisagem inaugural que, em termos literários, pode configurar um contraponto à perspectiva do *contraste/síntese*. Um registro possível perde-se nas sombras do tempo, pois implica ouvir, ainda que hipoteticamente, as vozes estrangeiras dos africanos encarcerados na chegada ao destino brasileiro. Investigações de ordem antropológica e etnográfica têm capturado ecos dessa voz em práticas culturais que sustentaram, a posteriori, os vínculos entre os afrodescendentes e seus ancestrais.[9] Outro registro dessa paisagem desoladora está em coletâneas como *Cinquenta dias a bordo de um navio negreiro*, escrito pelo reverendo Pascoe Grenfell Hill (1804-82) e em outras fontes, como veremos a seguir, que alimentam uma cena social ainda não de todo mapeada por nossos escritores e nossas escritoras.

O CÂNONE LITERÁRIO: REFERÊNCIA E RUPTURA

A abordagem das textualidades dos grupos sociais menos favorecidos suscita, de imediato, a pergunta: qual é a importância dessas textualidades em termos de constituição de um cânone literário?[10] Pensemos essa questão em duas etapas que se inter-relacionam, com frequência: a da legitimação estética que o status canônico confere a uma obra literária e a da criação-em-liberdade que devolve à obra literária sua autonomia. Inicialmente, nossa entrada nas esferas da vida acadêmica e da vida literária coincide com a constatação de que um cânone literário é um fato incontornável, tal a força que exerce sobre nosso modo de pensar, sobre as estruturas curriculares e sobre as linhas de publicação das editoras. Visto dessa maneira, o cânone se impõe como um mecanismo que sintetiza as vertentes de criação, orienta os procedimentos de interpretação e estabelece modelos de identidade cultural. Fixados em nome de uma visão restrita do conceito de tradição, esses aspectos, por um lado, desenham molduras sociais favoráveis à emergência de sujeitos e comunidades que se conformam a um certo esquema de identidade; por outro lado, engessam as intempéries que fertilizam a experiência criativa. No entanto, essa dicotomia não é suficiente para apreender a complexidade do cânone. Se, uma vez conformado, o cânone exclui de si as modalidades literárias que não se ajustam aos seus aspectos fundadores, não deixa de ser provocativa a situação de certas modalidades literárias excluídas que procuram conformar-se, também, como outro campo literário.

A esse propósito, pensemos no abalo que um cânone como o da literatura ocidental sofre em decorrência das propostas de síntese, orientação e estabelecimento de modelos que os cânones das literaturas silenciadas (a exemplo das literaturas afro-brasileira e indígena) realizam na cena literária, valorizando a relativização das noções de autoria, linguagem e recepção das obras. É oportuno salientar que um cânone articulado como resposta a séculos de exclusão pode obter um alto grau de rendimento estético e político se for esboçado, propositalmente, como um cânone de ruptura, no qual os princípios de síntese, orientação e estabelecimento de modelos sejam articulados para realçar a diversidade de matrizes culturais. Vale levar em conta, para esse cânone, o fato de que ele é uma entre outras práticas culturais que organizamos em sociedade e que, assim como essas outras práticas, sua base informacional é dinâmica, podendo ser transformada ou mantida para decodificar as novas situações que se nos apresentam. Por isso, esse cânone de ruptura se expõe como um fazer e refazer contínuos, interagindo com demandas estéticas, políticas e sociais que não estejam em acordo com as impostas por grupos sociais dominantes. A partir disso, e considerando a dramática situação das literaturas e sujeitos silenciados, considero relevante a explicitação de sistemas literários, desde que não naufraguem nas águas do exclusivismo, mas que, ao contrário, façam e refaçam continuamente as suas próprias bases.

Esse procedimento viabiliza a apreensão das muitas possibilidades da criação literária. Um exemplo dessa perspectiva, que se abre ao debate, porque aposta nele para tornar-se visível, é o tecido da literatura negra e/ou afro-brasileira. Num arco temporal que vai do século 17 (vide as cartas de Henrique Dias)[11] à contemporaneidade (vide as obras de criação literária e ensaística de autoras e autores afrodescendentes), incluindo o repertório poético e ficcional condensado no âmbito das literaturas orais, notamos que a literatura negra e/ou afro-brasileira tem sido delineada a partir dos princípios de síntese, orientação e estabelecimento de modelos que fundamentam o cânone literário ocidental. O conjunto de autores, obras e público que esboça o sentido canônico para esse conjunto literário nos mostra muito do que é ser afrodescendente numa sociedade que nos impôs a negação de nós mesmos. Se esse conjunto ameaça, às vezes, deslizar para o exclusivismo de uma identidade étnica e esteticamente fechada (e essa hipótese atravessa quaisquer sistemas ou cânones), simultaneamente ele expõe as fraturas do cânone literário ocidental e nos impele a considerar os conflitos que presidem a afirmação e a dispersão das identidades.

Além disso, a experiência da diáspora africana nos chama a atenção para um cenário dinâmico no qual a reorganização social do sujeito afrodescendente, incluindo-se aqui suas práticas literárias, é tensionada por diferentes modulações de tempo, espaço, gênero e classe social. Teóricos como Eduardo de Assis Duarte, Maria Nazareth Soares Fonseca, Leda Maria Martins, Moema Parente Augel, Ronald Walter, Édouard Glissant, Patrick Chamoiseau, Paul Gilroy, entre outros, têm mapeado o dilema da "dupla consciência" do afrodescendente. Ou seja, um dilema que o desafia a construir sua realidade de sujeito numa sociedade que o reificou e a pensar em sua identificação com outra cultura, muitas vezes hostil à sua cultura de origem. Porém, esse dilema se intensifica quando o sujeito percebe que, sob vários aspectos, sua cultura de origem (identificada, sobretudo, a partir de algumas práticas cotidianas e de fragmentos de memória) se rearticulou ao longo do tempo, sendo afetada por complexos jogos de interações e rupturas com outros modelos culturais. Não por acaso, o traço da ruptura tem sido apontado como uma das características da literatura negra e/ou afro-brasileira, já que ela contesta o cânone literário brasileiro por se apresentar como o modelo de outro campo epistemológico.

Todavia, há que se considerar a criação-em-liberdade como uma prerrogativa que faz de certas obras um cometa a desarticular quaisquer modalidades de cânone. Essas obras, por sua radicalidade de forma e sentido, não se enquadram nos princípios que regem os sistemas literários mais fechados ou mais interativos. Uma obra como a de Stela do Patrocínio, por exemplo, rasura tanto os princípios do cânone literário brasileiro quanto da literatura negra e/ou afro-brasileira. Isso se deve ao modo como essa obra foi transcriada em texto escrito a partir da relação entre Stela do Patrocínio e as mediadoras sociais que a contactaram, seja pela utilização de um registro sintático-semântico que questiona os paradigmas da norma culta, seja pelo modus operandi que resultou numa coletânea de poemas gerada pela escrita falada de Stela do Patrocínio e pela intervenção das mediadoras sociais que transcreveram e publicaram o referido repertório. Algo similar pode ser dito a respeito das poéticas orais dos cantopoemas de procedência banto-católica ou dos orikis, que são configurados na fronteira entre a prática ritual e a experimentação estética. O rastro dessas obras-cometa é indelével, embora muito de sua fulguração ainda esteja à espera de nosso entendimento, a ponto de virem a ser estudadas regularmente em nossos cursos de literatura e de teoria literária.

POR UM ÂNGULO DE VISÃO DOS EXCLUÍDOS: LITERATURA E ENGAJAMENTO

Analisar o funcionamento da sociedade brasileira é, por extensão, vivenciar os muitos paradoxos que a perpassam. Um deles, sem dúvida, deriva da constatação de que as matrizes culturais africanas, ao lado de outras, constituem um fator decisivo para a articulação do que somos como indivíduos e como coletividade. Como salientam Edward Lopes e Eduardo Peñuela Cañizal, ao mesmo tempo que reconhecemos o europeísmo como "uma componente da nossa cultura", é preciso reafirmarmos que ela "não é a única".[12] Essa perspectiva aguça uma visão crítica que nos permite vivenciar as Américas, de modo geral, e o Brasil, de modo particular, como "um centro de confluência de outras culturas" no qual as matrizes indígenas e africanas desempenham um papel relevante na articulação das práticas culturais, dos processos político-econômicos e das relações coletivas e interpessoais. No entanto, essa constatação não impediu a formação de outra, de efeito contrário, que relega às margens, quando não rejeita e submete, as mesmas matrizes culturais indígenas e africanas e seus desdobramentos no território latino-americano.

É, pois, nesse tour de force, que o ofício do escritor de transformar a realidade em literatura não se desvencilha de um olhar ético capaz de nos fazer entender que sem um enfrentamento de nossos gestos mais atrozes — com a intenção de solucionar as injustiças produzidas por eles — nenhum de nossos gestos de gentileza terá um sentido social pleno. Uma vez mais, a questão que se impõe é: além dos escritores e das escritoras afrodescendentes, os demais agentes da literatura brasileira estão dispostos a correlacionar a paisagem que gerou o modelo *contraste/síntese* a essa outra paisagem dramática, também fundadora de um certo Brasil, descrita pelo historiador Oliveira Martins?

> Havia lá, no seio do navio balouçado pelo mar, lutas ferozes, uivos de cólera e desespero. Os que a sorte favorecia nesse ondear de carne viva e negra, aferravam-se à luz e olhavam a estreita nesga de céu. Na obscuridade do antro, os infelizes, promiscuamente arrumados a monte ou caíam unânimes num torpor letal, ou mordiam-se, desesperados e cheios de fúrias. Estrangulavam-se: a um saíam-lhe do ventre as entranhas, a outro quebravam-se-lhe os membros nos choques dessas obscuras batalhas. [...] Quando o

navio chegava ao porto de destino — uma praia deserta e afastada — o carregamento desembarcava; e à luz clara do sol dos trópicos aparecia uma coluna de esqueletos cheios de pústulas, com o ventre protuberante, as rótulas chagadas, a pele rasgada, comidos de bichos, com o ar parvo e esgazeado dos idiotas. Muitos não se tinham de pé; tropeçavam, caíam, e eram levados aos ombros como fardos... O capitão, voltando a bordo, a limpar o porão, achava os restos, a quebra da carga que trouxera: havia por vezes cinquenta e mais cadáveres sobre quatrocentos escravos![13]

É inevitável a comparação entre o primeiro olhar lançado sobre as terras brasileiras da perspectiva eurocêntrica e da perspectiva do africano escravizado. As condições sociais prévias de quem observa o sol e o mar são indicadoras do imaginário que se construirá em relação ao Brasil: se o olhar eurocêntrico analisa a tensão entre a descoberta e a perda do paraíso, o olhar do africano escravizado tem diante de si seu próprio corpo devastado e a imposição de uma terra estrangeira que lhe servirá de território. A pergunta que aqui se faz é: essa primeira impressão, que nutre a lógica do *contraste/síntese*, pode sustentar uma lógica idêntica para "a coluna de esqueletos" recém-desembarcada? Do ponto de vista social e estético, a articulação da sociedade brasileira tem oferecido às suas populações negras mais a oportunidade de aderir à lógica do *contraste/síntese* do que as condições de manifestar-se a partir das interpretações que essas comunidades diaspóricas elaboram para seu estar-em-território-brasileiro.

O escritor e a escritora que traçam leituras da realidade brasileira a partir de olhares que vislumbram "nesgas de céu" mas não o céu, podem, evidentemente, continuar a reconhecer o viés do *contraste/síntese*. Apresentado com outras palavras, esse viés figura-se como um viés lúdico-barroco que tanto tem servido para analisar muitas práticas culturais brasileiras. Tal viés consiste em estabelecer a aceitação do absurdo como resposta à inviabilidade do encontro de certos valores culturais. Nesse caso, a intensidade emotiva e a fineza da reflexão articulam premissas contraditórias que são amparadas pela práxis social; exemplos disso estão nos discursos que fixam afirmações do tipo: durante o Carnaval, todos estão juntos, ainda que o povo trafegue na rua e a elite, a observá-lo, das sacadas; ou não somos racistas, mas o negro que ocupe seu lugar; ou somos uma nação pacífica, mas com uma das taxas de homicídios mais altas do mundo. Essa perspectiva, como se viu anteriormente, uma vez domesticada, forjou um repertório social e literário que, embora evidencie um Brasil complexo, termina por consagrá-lo como uma complexidade decifrada.

Uma melhor compreensão do cenário indicado acima depende de um cenário mais amplo, que explicita as tensões e as contradições inerentes à formulação de uma autoria negra nos ambientes sociais atravessados pela herança colonial. Os poetas negros que fixaram os passos iniciais da negritude literária viram-se instigados a trabalhar em duas frentes, ao mesmo tempo: a político-social e a literária. A primeira se relacionava às reivindicações contra o colonialismo na África, contra a discriminação racial sofrida pelos negros na Europa e nas Américas e em favor do reconhecimento dos direitos humanos das populações negras e do respeito ao seu patrimônio cultural. A segunda frente se abriu para que os poetas expressassem, do ponto de vista dos negros, a trajetória existencial do sujeito negro, sua luta contra a discriminação e suas experiências estéticas. A atuação de autores como Léopold Sédar Senghor, Aimé Césaire e Léon Damas não indica a separação entre essas duas frentes, mas a conjunção entre elas sustentada pelas circunstâncias históricas e pelos apelos estéticos.

Para os autores da Negritude, a inserção dos negros na vida político-social estava ligada à necessidade de reconhecer seu caráter humano, menos como um favor que se lhes fazia, mas, sobretudo, como um direito que é devido a todos os seres humanos. Essa prerrogativa, aparentemente óbvia, não era tão evidente para os negros massacrados pelo colonialismo europeu na África, pela segregação racial nos Estados Unidos e pelas diversas modalidades de exclusão (étnica, social e econômica) que os atingiam no Brasil e nos países do Caribe. Por outro lado, a inserção da textualidade dos autores negros no espaço literário europeu impunha-lhes a tarefa de provar a "qualidade literária" de suas obras, seja porque abordavam temas e sonoridades distintas do cânone ocidental, seja porque interferiam no idioma do colonizador para representar as vivências de suas respectivas coletividades.[14]

A bandeira dos experimentalismos e das rupturas alçada pelos movimentos de vanguarda no início do século 20 contribuiu para que as vozes da diferença se fizessem ouvir em salões e revistas da Europa, não obstante as atitudes reacionárias que se bateram contra as vanguardas. Diante disso, os poetas da Negritude proclamaram o "orgulho da singularidade" do negro, de sua arte e de sua cultura como um modo de afirmar sua condição humana e, por conseguinte, suas aspirações à participação na vida político-social. Essa singularidade, que procurava evidenciar "l'intimité des rytmes ancestraux par delá le langage accidental du Blanc",[15] teve na escrita um suporte decisivo para a criação de um corpus literário que pudesse ser confrontado com os cânones da literatura ocidental. Sem avançar nas questões relativas à Negritude, visto que esse não é o tema de nossa análise, é interessante destacar os desafios que se impuseram de imediato ao poeta negro, ou seja, ele precisava provar que o negro era um ser humano, em seguida que o homem negro poderia ser o criador de uma expressão estética e, por fim, que a textualidade produzida pelo homem negro constituía uma obra literária.

Entre os autores da Poesia Negrista hispano-americana (movimento desencadeado em países do Caribe e da América Latina nas décadas de 1920 a 40, influenciado pelo experimentalismo e pela busca do "primitivismo" que caracterizou algumas atitudes de vanguarda na Europa), destacam-se nomes como Nicolás Guillén (1902-89) e Emilio Ballagas (1908-54), em Cuba; Luis Palés Matos (1898-1959), em Porto Rico; e Adalberto Ortiz (1914--2003), no Equador.[16] Em linhas gerais, esses autores enfrentaram o problema do intelectual que se afirma como mestiço, além de reivindicarem a afirmação do negro como ser humano e de sua textualidade como literatura. A constituição dessa literatura representa a proposta de uma relação entre negros e brancos que seja estabelecida fora da estrutura colonial. Enquanto essa estrutura hierarquizou os vínculos étnicos e sociais, impedindo a legitimação das interações entre negros e brancos, a sociedade pós-colonial — ainda que não tenha superado de todo essa velha estrutura — aponta, pelo menos, um horizonte para maior debate sobre essa problemática.[17]

Nessa direção, os autores da Poesia Negrista hispano-americana valorizaram as experiências cotidianas das populações negras e mestiças, realçaram o significado estético de suas práticas culturais (vivências religiosas, cantos, danças, festas, modos de falar), mas sem esquecer os conflitos que atravessam as sociedades construídas sobre as amarras do escravismo. Desse modo, o ideário das sínteses étnicas e culturais (bem expresso por Nicolás Guillén no poema "Balada de los dos abuelos") não pôde fugir também aos questionamentos impostos pelas contradições que caracterizam as sociedades mestiças. Os conflitos étnicos abordados por Guillén em poemas como "Negro Bembon" e as tensões religiosas tematizadas por Palés Matos em composições como "Candombe" revelam os perfis de literaturas que procuraram se afirmar explorando os entrelugares onde se localizam sujeitos como o mulato (nem negro, nem branco), as realidades histórico-sociais como as dos países do Caribe e da América Latina (nem colônias, nem totalmente autônomos) e as criações artísticas como a própria literatura produzida nos ex-territórios coloniais.

A literatura articulada por autoras e autores afro-brasileiros toca, em diferentes momentos, em aspectos recorrentes nas obras de escritores da Negritude e da Poesia Negrista. Não é nosso objetivo discutir aqui as relações entre essas três vias de criação literária, mas tão somente mapear a maneira como os autores e as autoras dessas vias se apresentaram diante dos modelos literários dominantes.[18] Assim, se tomarmos as obras de Solano Trindade (considerando sua produção no decorrer dos anos 1960) e de alguns dos nomes que se destacaram a partir dos anos 1980 (Cuti, Abelardo Rodrigues, Geni Mariano Guimarães, Miriam Alves e Esmeralda Ribeiro, por exemplo), poderemos observar a atualidade e a urgência de alguns dos temas que atravessaram os textos da Negritude e da Poesia Negrista. No caso da literatura negra e/ou afro-brasileira, alguns desses temas são abordados tendo em vista, principalmente, a intenção de denunciar os mecanismos de agressão à herança cultural afrodescendente.[19] Para tanto, poetas de diferentes gerações tecem uma teia discursiva que se sustenta a partir do imbricamento dos seguintes temas, entre outros:[20]

1. a afirmação de um sujeito enunciador negro:

Sou eu quem grita sou eu
O enganado no passado

Preterido no presente
Sou eu quem grita sou eu
     "Protesto", Carlos de Assumpção

2. a denúncia da violência e da exclusão social:

Rasguemos por fim
estas estórias de grilhões,
sem esquecê-las
porque afinal pesam sobre nossos ombros
e teimam em ferir o futuro.
    "Compromisso", José Carlos Limeira

3. a valorização das heranças afrodescendentes:

encontrei
em doces palavras
  cantos
em furiosos tambores
   ritos
encontrei minhas origens
na cor de minha pele
nos lanhos de minha alma
em mim
   "Encontrei minhas origens", Oliveira Silveira

4. a reapropriação positiva de símbolos associados negativamente aos negros:

Lá vem o navio negreiro
Lá vem ele sobre o mar

Lá vem o navio negreiro
Vamos minha gente olhar...

Lá vem o navio negreiro
Por água brasiliana
Lá vem o navio negreiro
Trazendo carga humana...

Lá vem o navio negreiro
Cheio de melancolia
Lá vem o navio negreiro
Cheinho de poesia...

Lá vem o navio negreiro
Com carga de resistência
Lá vem o navio negreiro
Cheinho de inteligência...

"Navio negreiro", Solano Trindade

5. o reconhecimento das figuras heroicas negras:

retomar toda história
de todos os fatos
contar todas as verdades
para todas as idades
do teu mito que
para sempre se refaz em
liberdade liberdade liberdade

"Zumbi é senhor dos caminhos", Jônatas C. da Silva

É importante frisar que alguns dos temas que permearam os textos da Negritude e da Poesia Negrista são abordados pelas autoras e pelos autores da literatura negra e/ou afro-brasileira à luz de nossas especificidades históricas e sociais, fato que evidencia um processo simultâneo de interligações e rupturas entre as três perspectivas de criação. Como exemplo, veja-se, por um lado, que a Negritude fechou questão em torno da "cor negra" como o signo de identidade de determinado sujeito "africano", o que ocasionou debates tensos quando da aplicação desse critério às regiões de mestiçagem do Caribe. Essa mesma tensão, abordada diretamente ou diluída na teia discursiva, se impôs à performance das autoras e dos autores afro-brasileiros. Para estes, além da busca de uma identidade fundada em traços fenotípicos, tem-se tornado cada vez mais evidente a necessidade de levar em conta as questões relacionadas ao gênero e à luta de classes na articulação dos perfis identitários de nossas comunidades afrodescendentes.

Por outro lado, a maneira encontrada pela Poesia Negrista para "valorizar" as mulheres negras, baseando-se na referência à sensualidade como um dos atributos de sua personalidade, contrasta com a visão de autoras negras e não negras de várias partes das Américas, que denunciam a violência sobre o corpo feminino e reivindicam o direito de vivenciarem com autonomia suas afetividades e suas experiências históricas e sociais. Essa linha de reflexão e ação viabilizou, ao longo do século 20 e início do século 21, um complexo entrelaçamento entre a criação literária e as análises críticas que desvendam os mecanismos de opressão contra as mulheres, em geral, e contra as mulheres negras, em particular.[21] A esse respeito, Dawn Duke observa que o valor no discurso das autoras negras "está na sua capacidade constante de reescrever a história da nação e da mulher, ao seu modo". Desse cruzamento entre a cena social e a cena literária, tem-se constituído na literatura brasileira um viés relevante no qual as vozes femininas negras, de diferentes gerações, sintetizam em suas obras uma experiência que se mostra mais vigorosa estética e ideologicamente à medida que desvenda os dilemas e as projeções de diálogo da sociedade de onde procede.[22]

A recente edição da obra poética de José Carlos Limeira, um dos autores mais importantes da literatura negra e/ou afro-brasileira contemporânea, ilustra, em linhas matizadas, as tensões apontadas. O fato de retomar a lírica canônica no volume intitulado *Encantadas* demonstra, por um lado, a inserção da poética de José Carlos Limeira no âmbito de uma tradição que, sabidamente, abriu poucos espaços para os homens negros e as mulheres negras se apresentarem como autores ou como temas literários. Quando o fez, essa tradição restringiu a presença das populações negras aos limites do estereótipo. Por outro lado, ao apropriar-se dos instrumentos dessa tradição, José Carlos Limeira procura transfigurá-la, inserindo em seus meandros temas que procedem do campo cultural da afrodiáspora. Todavia, essa estratégia funciona de maneira contraditória, quando o poeta aborda a relação amado/amada com a intenção de "valorizar" as representações da mulher negra. Em vários poemas da coletânea *Encantadas* as restrições impostas pela lírica canônica ao poeta vão além da forma, principalmente quando se trata de buscar um modo de exprimir as especificidades do sujeito feminino negro. Em outros termos, sob o olhar da lírica tradicional a mulher tende a ser retratada como um obscuro objeto. Por desejá-la sem, no entanto, reconhecer-lhe o papel de gestora do próprio discurso, o eu lírico masculino subjuga a mulher mesmo quando a elogia e a idealiza. No poema "Para uma mulher" e em outros, inseridos no livro *Encantadas*, José Carlos Limeira reitera esse script:

> Falando dos teus olhos mornos
> Descobrindo minha carne
> Teus lábios macios
> Tua pele negra, negra
> Falando dos teus braços, teu colo
> Esta vontade rude que me dá
> De morder tuas coxas
> Para matar esta fome doentia
> De tuas ancas [23]

Apesar da consolidação desse discurso poético de "valorização do feminino", podemos dizer que se tornam cada vez mais explícitas as perguntas que o contestam, a exemplo destas: onde e quando no discurso desse eu lírico, associado à herança da poesia negrista, tiveram oportunidade para aflorar a utopia, o pensamento e a ação indicadores dos modos de ser do feminino? E, em particular, do sujeito feminino negro? Se as poéticas de autores negros e não negros, que se guiam pela lírica canônica, não respondem satisfatoriamente a essa indagação, não podemos ignorar o tanto que as próprias poetas negras e não negras fizeram e têm feito para atuarem como sujeitos na enunciação dessas perguntas e de suas possíveis respostas. Diante disso, o discurso de José Carlos Limeira e de outros poetas negros e não negros sobre as mulheres negras já não pode ser analisado sem levarmos em consideração as práticas culturais e as elaborações teóricas e literárias de diversas mulheres negras do passado e da contemporaneidade.[24] Há à nossa disposição um amplo repertório de discursos tecidos da perspectiva das mulheres negras no qual sobressaem o enunciado de sua autoafirmação e o reconhecimento de sua participação ativa na vida social, tal como nos demonstra a poeta e prosadora Conceição Evaristo:

>   Antevejo
>   Antecipo
>   Antes-vivo.
> [...]
> Eu-mulher
> abrigo da semente
>   moto-contínuo
>   do mundo.[25]

A contradição que atravessa a lírica de José Carlos Limeira, no tocante à abordagem do tema amoroso, está radicada, como vimos, na tradição lírica ocidental e se constitui, sem dúvida, como um desafio aos poetas afrodescendentes porque nos instiga a reinventarmos na prática social e no discurso lírico uma perspectiva não misógina e não machista para nos referirmos às mulheres negras. As respostas a esse desafio serão pertinentes à medida que tomarmos como ponto de partida o diálogo com os discursos tecidos pelas próprias autoras afrodescendentes. Diante disso, impõe-se aos poetas, como uma questão ética, o entendimento dos seguintes aspectos: a) é possível falarmos sobre as mulheres negras sem, contudo, reduzi--las à condição de objeto; para tanto é preciso estabelecermos a releitura crítica dos discursos centrados no sujeito masculino presentes nas heranças sociais e literárias que recebemos; b) é importante falarmos sobre as mulheres negras sem, no entanto, falarmos pelas mulheres negras, como se elas não tivessem seus próprios discursos; daí a necessidade de realizarmos a crítica aos discursos dominantes que tendem a tutelar os discursos dos grupos socialmente menos favorecidos. Para desenhar essa cartografia, que privilegia o respeito e a solidariedade, é preciso atentar, simultaneamente, para a intervenção das vozes sociais e literárias das mulheres negras e para o empenho de quem se coloca como persona poética e se entrega à escuta das experiências que vão além de suas formações individuais. A partir desse horizonte de diálogo podemos dimensionar a configuração de um viés literário no qual as mulheres negras, instadas a assumir seu papel de escritoras e conscientes "dos efeitos negativos globais da discriminação racial",[26] alargam e ao mesmo tempo aprofundam os sulcos do conjunto de obras que chamamos de literatura brasileira.

Em face dos enredos que se desdobram a partir das intervenções dos sujeitos negros na literatura brasileira, é oportuno dizer que a poética de José Carlos Limeira (e bem se poderia dizer, mediante um levantamento específico, as obras de outros tantos poetas brasileiros), apesar das restrições apontadas, reenvia ao próprio autor e aos demais poetas negros e não negros a demanda para superarem a contradição impressa no discurso que, sob o argumento de "valorizar" a mulher, termina por reiterar sua condição de sujeito subalterno. Se Luís Gama enfrentou essa contradição, reivindicando um lugar para a "musa de azeviche" no imaginário lírico brasileiro, isso não quer dizer que outros poetas negros e não negros tomaram essa demanda como um objetivo, entre outros, de suas obras literárias. Sendo assim, a partir da poética de José Carlos Limeira e de seu confronto com as poéticas das poetas negras impõe-se na poesia brasileira contemporânea uma discussão que não pode mais ser adiada. Ou seja, torna-se cada vez mais imperioso saber o que a sociedade brasileira pretende fazer do seu repertório cultural africano e afrodescendente: desprestigiá-lo, massificá-lo e rejeitá-lo são atitudes que já não nos surpreendem. A surpresa virá à medida que formos capazes de deslindar os paradoxos que envolvem nossas relações com as matrizes culturais da afrodescendência, a começar, por exemplo, pela dificuldade em visibilizarmos a experiência autoral das mulheres negras.[27]

Essa questão é de extrema relevância embora, até o momento, não tenha sido suficientemente considerada a ponto de transformar os procedimentos que, em nossa ordem literária, tardam em perceber as mulheres negras como sujeitos de seu próprio discurso. Nossa tradição literária (que inseriu as mulheres negras como figuras reificadas em nosso acervo, a exemplo das representações de extração romântica e naturalista, que as restringiram à condição de seres da paixão e do instinto) e a continuidade histórico-social (que situou as mulheres negras entre os índices mais baixos de desenvolvimento humano) têm se constituído como obstáculos reais à ascensão socioeconômica das mulheres negras. Uma das consequências desse fato é, inequivocamente, a restrição das condições que lhes permitiriam ampliar seus modos de intervenção na sociedade. Por conta disso, sua presença na cena literária, tanto quanto na cena social, ainda corresponde a uma espécie de concessão do sistema que se impõe como dominante nas esferas políticas, sociais e econômicas.

Se a reiteração da ordem patriarcal e do pensamento misógino, que perpassa essa literatura "sobre" as mulheres negras, ainda é uma força atuante no sistema literário ocidental, não há como negligenciar o contraponto crítico a essa mesma literatura, forjado por autoras negras, em momentos e condições diversas. Tem-se, aqui, um campo a ser deslindado, a partir do qual uma cena literária de mulheres negras se desenha como um fio da literatura ocidental e, ao mesmo tempo, como um tecido particular no qual se destacam os processos de luta das mulheres negras, desde sempre, com impactos consideráveis na vida social. Esses processos, apesar das condições adversas, desmascaram, por um lado, o uso estereotipado dos atributos das mulheres negras em textos literários escritos por autores negros e não negros e propõem, por outro lado, a intervenção das mulheres negras como protagonistas da própria vida e articuladoras de uma epistemologia literária que aborda, de modo inter-relacional, as identidades que elas podem constituir para si considerando sua imersão, como sujeitos sociais, nos enredos relativos aos deslocamentos geográficos, às lutas de classes, às disputas políticas, às definições de gênero e de pertencimento étnico etc.[28]

A abordagem da literatura de autoria negra com ênfase nas tensões que perpassam os discursos tecidos por mulheres e homens tem revelado um amplo território em que as soluções para os dilemas estéticos da literatura dialogam, em graus diferenciados de uma obra para outra, com as demandas sociais que afetam as populações negras em várias partes do mundo.[29] Apesar das reservas que cercam alguns setores do ensino, das editorias e do público leitor em relação a essa vertente literária, o fato é que das janelas que se abriram nesses mesmos setores podemos vislumbrar uma enseada de motivações estéticas e críticas que nos permitem pensar o quanto há ainda por descobrirmos sobre nós mesmos, antes de nos resumirmos aos já conhecidos e transitórios contornos de um cânone literário nacional.

Por agora, julgamos interessante citar alguns pontos que permeiam o território das textualidades negras e/ou afro-brasileiras, levando em conta, particularmente, o suporte da escrita e das criações poéticas. Um primeiro ponto diz respeito à implicação social que as poetas e os poetas afro-brasileiros imprimem à sua textualidade, quando se trata de confrontá-la com o cânone literário. É inerente a essa textualidade a reivindicação do valor estético, voltado para o reconhecimento do caráter literário da obra. Ao mesmo tempo, essa reivindicação exprime um engajamento social, na medida em que o texto literário denuncia o racismo, afirma a identidade dos afro-brasileiros e reclama seu direito às melhores condições sociais. Outro ponto se refere à dimensão psicológica, que exibe através do texto a dor resultante do escravismo e da marginalização; paralelamente, evidencia-se o desejo de superar a dor, sinalizando que, além da sobrevivência, os afro-brasileiros são sujeitos competentes para viverem e organizarem sua atuação na história, para amarem e se realizarem como indivíduos e coletividades. De fato, os pontos acima estão inter-relacionados e são reveladores de uma dinâmica psicossocial que se imprime como traço estético a partir do qual as poetas e os poetas afro-brasileiros se apresentam diante do cânone literário nacional. O mesmo cânone que excluiu ou restringiu, pelas razões apontadas, a abordagem desses discursos que estão inerentemente ligados à constituição de nossa vida social e literária.

POR UM ÂNGULO DE VISÃO DOS EXCLUÍDOS: LITERATURA E INVENÇÃO

Para além da perspectiva mencionada no item anterior, podemos considerar a atuação dos escritores e das escritoras que ouviram os "uivos de cólera e desespero" que ecoaram nos porões dos navios negreiros e se dispuseram a confrontar o viés lúdico-barroco — ora organizados em grupos, ora individualmente — investindo no que chamaremos de viés crítico-maneirista, no qual a angústia em face da constatação dos impasses substitui a negociação que transforma o contraste em síntese. Em linhas gerais, pode-se dizer que os autores e as autoras que riscaram do mapa da literatura brasileira o traço da literatura negra e/ou afro-brasileira têm se recusado a reiterar o enredo de apagamento do sujeito afrodiaspórico na sociedade brasileira.[30]

Na contemporaneidade, não são poucos os escritores e as escritoras brasileiros que afrontam o tema das desigualdades do país em suas obras: retornam à cena temas como a violência contra as mulheres, a precariedade da vida nos aglomerados das periferias urbanas, a corrupção das classes dominantes, as agressões praticadas por agentes do Estado — assuntos que frequentaram as páginas da ficção brasileira nos idos do século 19 e boa parte do século 20. Contudo, no tratamento conferido a esses temas, o vigor da lógica *contraste/síntese* ainda se impõe, porque alguns de seus resultados são, de certa maneira, esperados por leitores/leitoras e mídias do país e do exterior. Essa domesticação do imaginário, que inibe a ruptura radical com uma lógica largamente difundida, não impede, todavia, que os abalos sísmicos resultantes das grandes tensões sociais brasileiras denunciem as fraturas desse modelo de representação literária da realidade e apontem, aqui e ali, a necessidade de dizer o que parece o mesmo numa linguagem literária que se pretende autocrítica e inovadora.

O estudo dos coletivos culturais não é tema deste ensaio. Contudo, a análise de algumas de suas características demonstra que, em condições específicas, eles se tornaram veículos importantes de reflexão e de atuação das populações negras na luta contra o racismo, a violência e a exclusão social. Em linhas gerais, na pauta dos coletivos culturais se destaca o embate contra a hegemonia do capitalismo (ampliada com os processos decorrentes da globalização), a hierarquização na ocupação do espaço urbano (imposta pelas regras do mercado) e o enrijecimento das relações entre indivíduos e grupos (causado pela ingerência de valores políticos, econômicos e religiosos). Além disso, a proposta das gestões horizontais, que não impedem o surgimento de conflitos no interior dos coletivos, indica a emergência de um modelo alternativo no gerenciamento das relações de poder. Esse aspecto aponta para o fato de que uma parcela expressiva da população, a exemplo de jovens negras e negros das periferias e também das universidades, se recusa a ser tratada como um conjunto de pessoas destituídas de identidade sociopolítica.

No que se refere às comunidades da diáspora africana, é possível notar que os movimentos sociais afro-brasileiros do século passado (exemplificados por atividades como as desenvolvidas pela imprensa negra)[31] e do início do século 21 (explicitados através das ações organizadas pelos coletivos culturais negros, sobretudo nas áreas urbanas) revelam a afirmação de uma consciência crítica cerzida a partir do olhar daquelas pessoas que testemunharam a humilhação e a morte, desde os porões do navio negreiro. Essa consciência, que gerou uma literatura de denúncia da violência praticada contra negros e negras, tanto no período de vigência do regime escravista no Brasil quanto na atualidade, não aposta em sínteses que diluem os conflitos. Aposta, sim, no reconhecimento dos contrastes e na eclosão de identidades historicamente sufocadas pelas oligarquias rurais, pelas elites políticas e por determinadas orientações religiosas que constituem algumas das forças de dominação mais atuantes no país. Esse viés, ao qual chamaremos de crítico-maneirista, e que atravessa a literatura negra e/ou afro-brasileira, não sinaliza respostas imediatas para o desafio de representar as diversidades sociais e culturais do Brasil; ao contrário, expõe a necessidade de se realizar uma reflexão profunda sobre o modo como a literatura brasileira tem apreendido as suas diversidades de gênero, etnia, classe social etc.

As demandas acima colocam diante dos escritores e das escritoras uma pergunta que, devidamente respondida, abre uma clareira estética e ideológica na formação canônica da literatura brasileira. A pergunta é: Que aspectos derivados do olhar dos sobreviventes do "torpor letal", confinados nos navios negreiros do passado e nas periferias do Brasil contemporâneo, podem ser interpretados como estimuladores de uma experiência literária divergente da lógica *contraste/síntese*? No esboço de resposta a essa indagação, dois aspectos, em particular, merecem ser destacados: primeiro, o enfrentamento da crise da linguagem, que remete a uma antiga e nem sempre bem resolvida questão do fazer literário, ou seja, como é possível narrar desde o núcleo do horror? Apreendido em suas feições mais sórdidas, o tráfico de escravos e a ordem social excludente que o sucedeu desenham um inferno dantesco para as populações afrodescendentes: esse é o horror, socialmente perpetrado, política e economicamente justificado.

O sacrifício de um número elevado de pessoas, durante a diáspora negra, evidencia a fragilidade da linguagem corrente para descrever e analisar, de maneira humana e profunda, as cenas de horror engendradas pelo tráfico. Dito de outra maneira, a linguagem herdada dos articuladores da violência não é capaz de despir-se de seus atributos para falar criticamente da realidade de injustiça que ela própria ajudou a consolidar. Todavia, o horror existiu e existe; para os agentes da literatura, em particular, torna-se cada dia mais urgente colocar em cena a linguagem ou as linguagens que darão conta de corroê-lo, caso desejemos, como sujeitos sociais, estabelecer novos e mais justos modos de convivência. Enquanto essa linguagem de ruptura de paradigmas (exemplificada em outras circunstâncias, por obras como *Finnegans wake*, de James Joyce e *Grande sertão: veredas*, de Guimarães Rosa) não se apresenta para colocar em xeque as relações éticas e estéticas a partir da abordagem das tensões étnicas no contexto da literatura brasileira contemporânea, as narrativas predominantes na literatura negra e/ou afro-brasileira — precisas na denúncia da exclusão social e étnica dos afrodescendentes

— ainda trafegam nas heranças formais do realismo/naturalismo e do modernismo gerando um discurso denso que, no dizer de Dawn Duke, se filia ao chamado realismo social. A ensaísta ressalta ainda que:

> A escrita afrofeminina tem amadurecido a ponto de alcançar um nível sofisticado e agressivo de expressão literária, tanto simbólica quanto de realismo social, característica que lhe impõe uma dimensão nova, mais poderosa, dificultando argumentos de desinteresse ou ignorância do assunto por parte do público leitor, os quais sempre têm motivado sua exclusão editorial e limitado seu acesso ao lucro.[32]

No âmbito da poesia, a linguagem de ruptura com essa lógica emerge na expressão de autores como Ricardo Aleixo, Ronald Augusto, Antonio Risério, Eliane Marques e Arnaldo Xavier. A respeito deste, observa Vinícius Lima, no artigo "A transnegressão de Arnaldo Xavier":

> É interessante a forma como o poeta faz uso da *palavra-valise*, método muito utilizado por Lewis Carroll em seus poemas, que consiste na união de duas ou mais palavras em uma única palavra híbrida, como por exemplo "apocalíricos" e "defloradentra". Desta forma, Xavier destrói/constrói a linguagem, deformando as frases feitas, os ditos populares, sempre lançando mão da ironia e humor. Seguindo o exemplo de James Joyce no famoso *Finnegans Wake* e dialogando com o Paulo Leminski de *Catatau*, o poeta Arnaldo Xavier trabalha o poema como um objeto lúdico, brincando com as sonoridades das palavras, como em "Cômico come Cômico" e "Denotativo detona Conotativo", colocando sempre a cultura negra em primeiro plano.[33]

Por outro lado, no âmbito da prosa de ficção afrodescendente algum movimento radical ainda está por ser feito, considerando as perspectivas experimentais da linguagem. Nesse cenário, chama a atenção o livro de contos de Allan da Rosa intitulado *Reza de mãe*, que foi lançado em 2016. Em várias passagens do volume destacam-se as elipses características do discurso oral. Nesse caso, para valorizar o "grão da voz"[34] e para defendê-la — já que o falante, exposto no seu próprio discurso, entra em confronto com outros discursos — Allan da Rosa utiliza a estratégia do mostrar-se para esconder-se. Essa estratégia, impregnada em sua escrita, revela instâncias sociais e estéticas que parecem estrangeiras à literatura brasileira canônica. Por isso, essa estratégia, uma vez instaurada pelo autor, implica um redimensionamento dos processos de recepção dos seus interlocutores. Estamos, portanto, diante de uma formulação específica do ato discursivo ou de um estilo próprio vinculado à persona social e literária do autor. A partir desse pressuposto, espera-se que a crítica às estruturas da linguagem funcione como um detonador de novas experiências discursivas capazes de subverter os processos de recepção da escrita relacionada aos contextos da afrodescendência. Esse cenário apela à nossa sensibilidade para entendermos que para além do viés do "realismo social" se projetam outras perspectivas de expressão das práticas culturais relacionadas às heranças da diáspora negra.

O segundo aspecto que contesta a lógica do *contraste/síntese*, sustentado pelo reconhecimento da crise da linguagem, refere-se à mudança do paradigma de uma literatura que lida com o Brasil estranho, porém decifrado, para o paradigma de um Brasil que trata uma parte expressiva de sua população como "homeless". Em outros termos, a condição das comunidades diaspóricas no país é preocupante, se a considerarmos na linha do tempo. Tendo aportado como estrangeiros no país, os sujeitos da diáspora negra foram sendo inseridos na história social do país, mas como cidadãos de segunda categoria. Isso gerou para esses indivíduos a condição paradoxal do estarem dentro da sociedade, mas à margem dela.

O aguçamento da perspectiva crítico-maneirista demonstra a gravidade dessa condição, uma vez que boa parte da população negra do Brasil está em situação de risco, apesar dos avanços das políticas públicas de auxílio postas em ação nas últimas duas décadas. Dentre as políticas públicas adotadas, destacam-se a criação do Sistema de Cotas para o ingresso de negros e negras em concursos públicos, e a promulgação da lei nº 10 639, de 9 de janeiro de 2003, que tornou obrigatório nos estabelecimentos de ensino fundamental e médio, oficiais e particulares, o ensino de história e cultura afro-brasileira, da história da África e dos africanos. Dados recentes sobre a violência no Brasil e sua relação com as populações afrodescendentes foram disponibilizados no site oficial da Secretaria de Políticas de Promoção da Igualdade Racial (SEPPIR).

Através da Medida Provisória nº 726, publicada no Diário Oficial da União, em 12 de maio de 2016, o governo golpista de Michel Temer estabeleceu uma nova estrutura organizacional da presidência da República e dos Ministérios. O documento confirmou a extinção do Ministério das Mulheres, da Igualdade Racial, da Juventude e dos Direitos Humanos, que foi criado em 13 de outubro de 2015, com a junção da Secretaria de Políticas de Promoção da Igualdade Racial (SEPPIR), da Secretaria de Políticas para as Mulheres (SPM), da Secretaria de Direitos Humanos (SDH) e da Secretaria Nacional de Juventude (SNJ). Os agentes do golpe parlamentar, instaurado no país em 2016, impuseram à população brasileira uma agenda neoliberal que atingiu os setores mais carentes da população, a começar pela extinção de órgãos importantes de defesa dos direitos humanos (dentre eles, a SEPPIR), pelo ataque aos direitos trabalhistas garantidos pela CLT e pela proposta arbitrária de reforma do ensino médio, através de medida provisória.

A partir de outubro de 2015, a SEPPIR foi incorporada ao Ministério das Mulheres, da Igualdade Racial e dos Direitos Humanos. Dentre os dados levantados por essa secretaria, destaca-se a alarmante constatação de que "A maioria dos homicídios que ocorrem no Brasil atinge pessoas jovens: do total de vítimas em 2010, cerca de 50% tinham entre 15 e 29 anos. Desses, 75% são negros".[35]

O fim do regime escravista, em 1888, não significou o fim da degradação social das comunidades da diáspora africana. São sinais dessa realidade os mais baixos índices de desenvolvimento humano entre as populações negras; os mais altos índices de criminalidade entre a mesma população; a projeção de imagens estereotipadas de negros e negras nas grandes redes de mídia do país; a manutenção, no senso comum, de que os atos desviantes e ameaçadores da ordem se associam, mais cedo ou mais tarde, a algum indivíduo negro etc.[36] Diante disso, é pertinente levar em conta a condição do escritor ou da escritora que escreve sitiado em um país como o Brasil, à primeira vista autônomo mas apoiado sobre uma frágil democracia. Para os autores negros e as autoras negras que se dedicam a essa matriz da literatura brasileira, a condição de viver sitiado é mais contundente, pois vivem o dilema de escrever dentro de um modelo social que aceita e recusa, paradoxalmente, a diáspora africana; além disso, escrevem dentro de um sistema literário que louva a diversidade cultural do país, mas tem dificuldades em se relacionar com uma dessas diversidades, a da afrodescendência, que rasura sua hegemonia.

UMA LITERATURA PARA UM BRASIL-ENIGMA

O viés crítico-maneirista, como proposto anteriormente, não constitui um paradigma de valor absoluto, cujo intuito é substituir o paradigma lúdico-barroco, alinhado com a lógica *contraste/síntese* da cultura brasileira. Em face dessa complexa teia cultural, o viés aqui proposto — que, reconhecemos, não escapa à rigidez das tipologias — deve ser entendido como uma espécie de sonar: uma vez direcionado às camadas profundas das relações sociais, políticas e culturais que nos conformam, suas ondas, no retorno, vão nos devolver alguns sinais que nos permitirão articular um discurso analítico sobre as realidades tangenciadas durante o mergulho.

É importante frisar que entendemos por paradigma lúdico--barroco as relações estéticas, políticas e culturais que fizeram do Barroco, como observou Lourival Gomes Machado, um processo "mais dialético do que sucessório", que não se limitou a ser uma reação ao Renascimento e que, "a seguir, haveria de morrer, ao desafio de uma nova reação: o neoclássico".[37] O aspecto dialético do Barroco o impulsiona na direção dos contrastes, de modo que o sujeito, mesmo envolvido pela atmosfera de angústia e de rupturas, tende a articular-se para superar tal condição. Ainda que seja através do uso de paradoxos, o que vale para o sujeito que confronta a experiência do Barroco é a lógica do jogo como provável saída para os impasses. O caráter lúdico se impõe, nesse momento, para conferir ao Barroco um número considerável de variáveis, nas quais as relações entre o novo e o velho, o imanente e o transcendente, o concreto e o abstrato se resolvem como forma e sentido em estado de contradição. Quando consideramos o paradigma lúdico-barroco, vivenciado através de práticas culturais cotidianas, é possível entrever o desgaste das formulações vistas anteriormente, ou seja, em muitas circunstâncias, o sujeito age de maneira pragmática, chegando ao resultado paradoxal sem, no entanto, ter enfatizado as tensões inerentes às contradições do próprio Barroco. É a esse pragmatismo que nos referimos quando entendemos que às resoluções imediatas do ludismo barroco se contrapõe a vivência dos contrastes, sem que se vislumbre a curto prazo uma provável solução para eles.

Considerar a pertinência do viés crítico-maneirista não implica alimentar, de modo simplista, uma oposição ao traço lúdico-barroco, mas tentar apreender a vivência na crise que se instaurara no "lapso de tempo entre o fim do Renascimento e o Barroco tardio", conforme observa Gustav René Hocke. É das tentativas de expressar o pensamento e a vontade do sujeito num mundo "repleto de desordens e de angústias" que procedem as formas graciosas e enigmáticas, calculadas e tensas do Maneirismo.[38] Os resultados estéticos, mais do que aplacarem as contradições, as situam como o cerne de uma experiência transitória: a realidade, uma vez percebida como uma forma velada, impunha ao sujeito o desafio de criar uma linguagem que, elaborada para decifrar o enigma, se convertia, sob muitos aspectos, também em enigma. Se a produção de sentido através do paradoxo estabelece uma íntima relação entre o Barroco e o Maneirismo, há que se ressaltar que no segundo o sentido decorrente da *discordia concors* não se instaura como mero jogo, mas como cerne do próprio Maneirismo. Embora o jogo maneirista se revele como uma qualidade "alegre, agitada, ou um trejeito atormentado", não há como negligenciar a preocupação do sujeito com os impasses que suscitam tanto as resoluções vigorosas para os dilemas quanto o risco de ruptura da própria noção de significado do mundo. Como observa Hauser, o conflito no Maneirismo "expressa o conflito da própria vida e a ambivalência de todas as atitudes humanas, em suma, expressa o princípio dialético subjacente ao conjunto da perspectiva maneirista".[39] Uma consequência dessa perspectiva — que deixa em estado de alerta a visão crítica do sujeito e acentua o protagonismo da angústia em meio à celebração das formas e dos movimentos — é a constatação da "ambiguidade permanente de todas as coisas" e da "impossibilidade de alcançar a certeza a respeito de qualquer coisa".[40]

Quando se trata de abordar as teias da cultura brasileira, é pertinente afirmar que a lógica *contraste/síntese* permanece válida e significativa. Contudo, a complexidade dessa teia — derivada, sobretudo, da emergência de outros fios, até então marginalizados em sua constituição — confere ao viés crítico-maneirista um sentido suplementar. Ao enfatizar os elementos agônicos dessa teia e a duração dos conflitos — sem um horizonte imediato que aponte para as suas resoluções —, o viés crítico-maneirista sinaliza a cotidianidade da tensão como um eixo para analisarmos as relações sociais, de modo geral, e as relações entre literatura e realidade no Brasil contemporâneo, de modo particular. Em se tratando das populações da diáspora negra, essas relações chamam nossa atenção para as estratégias literárias que nos ajudam a compreender o que tem sido feito em favor do reconhecimento dos direitos humanos e do respeito às alteridades em nosso contexto social. Não será necessário repetir o quanto o Brasil avançou na defesa desses direitos, sobretudo no período posterior à queda do regime ditatorial militar, em meados dos anos 1980. Contudo, no que se refere às populações negras, essa defesa ainda não tem sido suficiente para lhes garantir os plenos direitos de cidadãos livres, inseridos numa sociedade que almeja ser democrática.

Vários autores e estudiosos contemporâneos — que integram a edição do livro *Um tigre na floresta de signos* —[41] definiram ou caracterizaram a literatura negra e/ou afro-brasileira utilizando informações históricas e procedimentos sociais inscritos em um vasto repertório de textos de criação (poesia e prosa) e de reflexão teórica. A partir desse repertório, percebe-se que na base da definição e da caracterização da literatura negra e/ou afro-brasileira se entrelaçam, pelo menos, duas instâncias: a primeira centrada na experiência histórica e social dos autores e das autoras, e a segunda na geração do texto como um lugar de reflexão acerca dessa experiência. Segundo a primeira instância, quando a voz literária se autodefine como uma negra, um negro ou um(a) afrodescendente, o texto — de maneira mais ou menos explícita — se expõe a partir daquilo que essa autoria experimenta como uma negra ou um negro na história e na sociedade. Esse ponto de partida indica, portanto, para essa autoria uma gama de experiências e discursos que a diáspora, a escravidão e a violência impediram de germinar. Mediante essa lógica de pertencimento — que o sujeito negro construiu sob os auspícios do grupo com o qual se identifica —, o texto literário se torna, também, um meio de reinterpretação dos discursos elaborados sobre as vivências das pessoas negras, ao mesmo tempo que pretende constituir-se como uma voz dos negros e para os negros.

No que diz respeito à segunda instância, vale destacar a investigação dos traços estéticos decorrentes das matrizes culturais africanas inseridos no tecido das literaturas nacionais e a afirmação da pesquisa estética, que abre canais de diálogo entre as formas literárias tradicionais de matrizes africanas e a práxis experimentalista das vanguardas e pós-vanguardas ocidentais.[42] Em linhas gerais, nessa instância, a tensão proveniente dos cenários político-sociais e o embate oriundo das fissuras estéticas são percebidos também como eixos renovadores dos processos criativos. Ou seja, os sujeitos da escrita não abdicam do conhecimento histórico (através do qual se acessa a violência imposta aos negros e às negras no mundo, bem como seus atos de resistência e de afirmação identitária) em nome do exercício da técnica pela técnica. Antes, é em função da abordagem crítica do conhecimento histórico que o domínio de várias técnicas criativas se explicita, para o sujeito da escrita, como um procedimento de defesa da liberdade e, consequentemente, de inserção da sua obra na cena das tensões sociais.[43]

As instâncias da literatura negra e/ou afro-brasileira mencionadas estimulam a realização de análises que não as considerem apenas como fenômenos em estado de oposição. A complexidade das relações culturais decorrentes do caminho transatlântico e de seus desdobramentos no mundo ocidental constitui o solo fértil para a geração de procedimentos estéticos tensos, acutilados pela necessidade de uma abordagem dialética das práticas criativas. Em seu livro *O arco e a arkhè: ensaios sobre literatura e cultura*, o professor e pesquisador Henrique Freitas, da Universidade Federal da Bahia, estabelece alguns paradigmas para uma abordagem consistente dessa cena literária.[44] De início, chama a atenção a ênfase atribuída pelo autor à relação estabelecida entre literatura e cultura. Não deveríamos estranhar o destaque conferido a essa relação caso não se mostrasse crescente a dissociação que se observa, em nossas experiências contemporâneas, entre os fenômenos e os contextos sociais em que são gerados. Tal dissociação, justificada por uma espécie de ordem natural dos acontecimentos, é, no fundo, resultado de construções sociais cujos agentes podem ser identificados em sua atuação objetiva e ideologicamente orientada. Norteados por essa vertente, que nos permite atribuir a agentes concretos a responsabilidade por ações igualmente concretas, podemos considerar o fato de que a gradativa e intencional dissociação entre fenômeno e contexto social é uma consequência dos abalos provocados na cadeia das chamadas grandes narrativas. Estas, em linhas gerais, sucumbem à exacerbação do individualismo e à ascensão de um modelo social em que o cliente consumista se sobrepõe à valorização do sujeito e às suas vinculações comunitárias. Nesse ambiente fraturado, a literatura assim como a atividade política e intelectual, a experiência místico-religiosa ou a experiência encantatória do lúdico — salvo as exceções — estremecem à beira do utilitarismo de quaisquer formas de relação.

As comunidades afrodiaspóricas — mantidas historicamente à margem dos grupos sociais com mais acesso aos sistemas de representatividade política, empreendimento econômico e intervenção cultural — sofrem de maneira mais agressiva os efeitos dessas rupturas. Talvez, por isso, as respostas dessas comunidades tenham sido, desde há muito, articuladas como tentativa de interpretação do mundo e do sujeito levando em conta uma lógica da diferença. Ou, como depreendemos das observações de Henrique Freitas, uma lógica derivada das experiências e das estruturas de pensamento desenvolvidas em espaços estratégicos das comunidades afrodescendentes, a exemplo dos terreiros. Ainda segundo o autor, o diálogo entre essa outra lógica — inserida nas ações cotidianas e reinterpretada como recurso estético — e a tradição "eurografocêntrica" nos ajuda a perceber tanto a pluralidade da literatura negra e/ou afro-brasileira quanto as possibilidades de ampliação do conceito de literatura brasileira.

Contudo, as investigações de Henrique Freitas — alinhadas com as proposições de outros analistas (e aqui nos limitamos aos trabalhos críticos desenvolvidos por Eduardo de Assis Duarte, Florentina Souza, José Jorge de Carvalho, Leda Maria Martins e Antonio Risério) — demonstram que o reconhecimento restrito da interferência da epistemologia afrodiaspórica em nossos procedimentos culturais se deve ainda à hesitação com que nos aproximamos das modulações éticas e estéticas que explicitam e conferem sustentabilidades às comunidades indígenas e afrodescendentes no país. Tal fato — resultante de mecanismos ideológicos que sustentam a exclusão étnica, política, social e econômica dos sujeitos indígena e afrodiaspórico — nos obriga a pensarmos criticamente sobre os processos históricos que desenharam uma ideia de nação e de cultura brasileiras caracterizada, simultaneamente, por um sinal de menos (indicador da recusa que manifestamos, de forma intencional ou não, em relação às nossas matrizes indígenas e afrodiaspóricas) e por um sinal de multiplicação (provocador do desejo que manifestamos de vivenciar as proposições dessas mesmas matrizes culturais). Uma das consequências desse enredo, como demonstra Henrique Freitas, é o reconhecimento de uma epistemologia outra, cujas proposições negociam, num cenário tenso, com a epistemologia da "Arkhè eurografocêntrica". Para dar conta desse processo de negociação, o autor desenvolve conceitos como a "pilhagem epistemológica" e a análise-manifesto, que apostam num abalo crítico nas áreas da teoria e da historiografia literárias em consequência da inserção, em seus núcleos, de novos temas e problemas gerados pelo discurso literário afrodiaspórico.

Se considerarmos a literatura negra e/ou afro-brasileira conforme o esboço estético-ideológico acima, será possível entendê-la também como uma literatura de fundação, já que os temas e as atitudes que a constituem apontam para a gênese, o desenvolvimento e a consolidação histórica e literária dos afrodescendentes no Brasil ou, dizendo de outra maneira, de uma certa feição ideológica do que significa ser afrodescendente no Brasil. Sob o impacto da consciência histórica que anima as literaturas de fundação, vale notar que a literatura negra e/ou afro-brasileira consiste numa resposta a circunstâncias históricas e sociais marcadas pela necessidade de afirmação de uma lógica identitária em contraste com outra. Se, em termos de fundação de uma literatura nacional, pode-se pensar na oposição entre uma literatura que assim é articulada por oposição a um modelo colonial imposto, em termos de engajamento político, a literatura negra e/ou afro-brasileira funda-se por oposição a um modelo literário eurocêntrico. Daí, é possível notar que o corpus da literatura negra e/ou afro-brasileira define-se a partir de uma tensão com o corpus da literatura nacional brasileira, pois espera que este último se mostre suficientemente dialético para incluir em seu campo as demandas dos vários grupos sociais que conformam a nação brasileira. De modo específico, fala-se aqui de uma literatura nacional brasileira que se articule, também (e não somente), a partir das textualidades africanas e afrodiaspóricas.

O histórico da literatura negra e/ou afro-brasileira demonstra que a luta pelos direitos humanos empreendida por autores e autoras refletiu-se no teor de suas obras literárias. Conhecer, analisar e divulgar esse repertório literário são, até o momento, atitudes partilhadas apenas por uma parte da crítica acadêmica e da crítica não acadêmica no Brasil. O mesmo se pode dizer em relação ao público leitor, à mídia e às casas editoriais. Em outras palavras, aquele "uivo de fúria e desespero" gestado no seio do navio negreiro — e a partir do qual se desenrola o viés crítico-maneirista — é uma fissura que, embora negligenciada, atravessa a ficção brasileira e se alarga num repertório contemporâneo que inclui obras como *Viva o povo brasileiro* (1984), de João Ubaldo Ribeiro (particularmente nos episódios da intervenção de Exu durante a Guerra do Paraguai e da emergência da liderança social exercida pela negra Maria da Fé); *Negros em contos* (1996), de Luís Silva (Cuti); *Ponciá Vicêncio* (2003), de

Conceição Evaristo; *Cada tridente em seu lugar e outras crônicas* (2006), de Cidinha da Silva.

Dentre tantos relatos, destacamos a novela *A descoberta do frio* (1ª edição de 1979; reedição de 2011), de Oswaldo de Camargo, e o romance *Um defeito de cor* (2006), de Ana Maria Gonçalves, porque nos permitem avaliar, ainda que de forma resumida, o impacto da transposição da realidade dos afrodescendentes para a literatura. Em *A descoberta do frio*, o jornalista e poeta Oswaldo de Camargo (nascido na cidade de Bragança Paulista, São Paulo, em 1936) evoca o frio como uma doença que transforma o indivíduo afetado "num campo de batalha onde a desgraça dá vivas à sua completa vitória". Diante do fim iminente, segundo o personagem Zé Antunes, a única invocação possível da vítima é "Deus, meu Deus; sinto-me como um micróbio preto; vou desaparecer! E some, definitivamente".[45] Numa narrativa que aborda os embates estéticos e ideológicos entre intelectuais negros, no ambiente de uma grande cidade, Oswaldo de Camargo rasura o paradigma tradicional que atribui aos negros papéis estereotipados, em geral, relacionados a uma abordagem naturalista de suas funções. A rasura consiste, sobretudo, em colocar em cena intelectuais negros, contrapondo-se à lógica *contraste/síntese* que viabiliza, frequentemente, a exposição de representações domesticadas dos afrodescendentes.

Em *A descoberta do frio*, a utilização do "frio" como uma metáfora dos processos de discriminação impostos às populações negras no Brasil e os confrontos estéticos entre os próprios intelectuais negros propõem outro paradigma literário. Ou seja, em vez de os afrodescendentes surgirem na habitual condição de objetos dos acontecimentos (traço visível na prosa realista/naturalista do século 19 e em textos da prosa contemporânea brasileira), na narrativa de Oswaldo de Camargo os afrodescendentes, que articularam uma visão crítica diante dos fatos, se afirmam como sujeitos de sua trajetória, apesar das ameaças que pairam sobre ela. Os discursos desses sujeitos não se revestem de teor épico, que saúdam as façanhas dos ancestrais; esses discursos são tecidos com os fios das indagações que dizem respeito às angústias pessoais e às condições sociais dos sujeitos afrodescendentes. Há, portanto, a construção de um modo de pensar a linguagem como primeira exigência a cumprir-se para que a linguagem, enfim, exprima as realidades sociais.

Por sua vez, a escritora Ana Maria Gonçalves (nascida em 1970, no município de Ibiá, Minas Gerais), com a publicação da obra *Um defeito de cor*, legou à literatura brasileira contemporânea a cobrança de uma inadiável mudança na percepção de nossos paradigmas histórico-culturais, em particular, nos aspectos referentes à presença das populações da diáspora africana em nossa formação social. A estrutura da narrativa vale-se, a princípio, do procedimento estético-ideológico que relaciona o fato histórico à ficção literária. Esse procedimento é observado, apenas para citar um exemplo, no romance *Levantado do chão* (1980), de José Saramago. Nesse romance, o narrador revisita os fatos, mas numa perspectiva diferente do historiador: se este busca compreender e analisar os dados que, objetivamente, conformaram as relações sociais desta ou daquela maneira, aquele, "no privilégio de sua liberdade, dá-se o direito de preencher vazios, de dar voz aos silêncios, de celebrar, enfim, a conquista do tempo pelos verdadeiros operários da História. Mais que com o direito, acredita-se com o dever de cantar o pacto do homem com a vida e de resgatar a verdade, lá onde a ideologia voluntariamente a encobriu".[46]

Em *Um defeito de cor* é possível falar da existência de uma teia narrativa, através da qual diversas histórias se desenrolam, de maneira interdependente. Contudo, o fio mais denso e profundo, que incita como um rizoma a extensão dos demais, é constituído pela saga da menina negra Kehinde, capturada no Daomé para ser escrava. Trazida para o Brasil, circulou por diversas regiões (Bahia, Maranhão, Santos, São Paulo, Rio de Janeiro); mais tarde, liberta, Kehinde retorna à África, casa-se e, em idade avançada, dispõe-se a voltar ao Brasil, aonde não chega. Num período de oito décadas, a saga de Kehinde entrecruza-se à de outros personagens, enriquecendo-se de informações reveladoras de atos de solidariedade e de violência. No repertório literário brasileiro ainda são raros personagens negros e negras que atuam como protagonistas; além disso, a maioria deles está vinculada a uma tabela de estereótipos encontrada tanto em romances do século 19 quanto da atualidade.

Uma análise do perfil de Kehinde demonstra que seu trânsito pessoal entre os dois lados do Atlântico — marcado por gestos de angústia e resistência — funciona como uma metonímia de outros trânsitos realizados por homens e mulheres negros, a exemplo das travessias que realizam, ou tentam realizar, entre as classes sociais e os grupos culturais do país. Contudo, o fato de muitos africanos e afrodescendentes terem sido protagonistas desses trânsitos não foi suficiente para garantir-lhes uma inserção plena, seja na cena social, seja na cena literária brasileira. Por isso, a narrativa de Ana Maria Gonçalves, dentre outras possibilidades, pode ser interpretada como uma expressão legítima de denúncia da exclusão étnica e da violência social que paira sobre os afrodescendentes no Brasil.[47]

Além disso, *Um defeito de cor* amplia a linhagem das narrativas de grandes sagas da literatura brasileira — pensemos aqui numa obra como *O tempo e o vento* (1ª parte: "O continente", 1949; 2ª parte: "O retrato", 1951; 3ª parte: "O arquipélago", 1962), de Érico Veríssimo — acrescentando-lhe referências importantes das culturas de matriz africana que ajudaram a formar a sociedade brasileira. Essas referências não funcionam como elemento decorativo, fato comum em tantas obras do repertório literário nacional, mas como evidências que direcionam a narrativa no fluxo do tempo, organizam os esquemas de valores dos personagens e delineiam os eventos que constituem uma memória coletiva das populações afro-brasileiras.

Uma análise das contradições que permeiam a sociedade brasileira contemporânea indica o lugar relevante a ser ocupado por autores e autoras que — inseridos no conjunto da literatura negra e/ou afro-brasileira — se rebelam contra as heranças de uma literatura atrelada ao mercado editorial e aos antigos modelos literários que se limitam a situar em posições subalternas as temáticas da diáspora africana no Brasil. O caminho aberto para essas temáticas — desde os poemas de Domingos Caldas Barbosa, no século 18, até as narrativas de Oswaldo de Camargo, Paulo Colina, Cuti, Conceição Evaristo e Ana Maria Gonçalves, entre tantos outros nomes — demonstra que o enfrentamento do horror é uma condição necessária para que escritores e escritoras abordem o inenarrável representado pela violência do tráfico de escravos e pela situação de ameaça que paira diariamente sobre as populações afrodescendentes. Narrado, do ponto de vista das vítimas ou de outros sujeitos que saibam, através da literatura, compreender a dor do outro como sua própria dor, o horror deixa de pertencer ao domínio da não linguagem e do esquecimento para integrar-se à vida social sob a forma de uma linguagem a ser escavada a fim de tornar-se recurso ético e estético capaz de enfrentá-lo na expectativa de impedir sua repetição.

Sem esse tecido narrativo (cuja função catártica permite à vítima sobreviver, sem atrelar-se à ânsia de reproduzir os atos dos seus algozes), a predominância da lógica do *contraste/ síntese* continuará a reproduzir a diluição dos conflitos, ainda que sob ela se procure denunciar as contradições da sociedade brasileira. Devido à possibilidade de que dispõe para alterar alguns paradigmas da literatura brasileira, a literatura negra e/ou afro-brasileira pode ser percebida como uma literatura de caráter agônico por tratar-se de uma literatura que confronta a lógica lúdico-barroca em prol de uma lógica crítico-maneirista; desnuda os projetos nacionais de síntese das diversidades; realça o sofrimento humano em meio a uma ordem social hedonista (de modo particular, evidencia-se o sofrimento dos cidadãos negros, apresentados, contraditoriamente, como estranhos em seu próprio território) e que se articula a partir da possibilidade de sua própria destruição. A destruição, nesse caso, vem dissimulada sob as barreiras que são impostas à difusão da literatura negra e/ou afro-brasileira, principalmente nos circuitos situados fora dos espaços acadêmicos. Nestes, pode-se dizer que os esforços de teóricos, autores e autoras associados aos interesses de discentes e à disponibilidade de fomentos públicos para a realização de seminários e simpósios têm viabilizado um debate substancial a respeito desse viés literário e de suas implicações com as demandas sociais das populações afrodescendentes dentro e fora do Brasil.

A literatura negra e/ou afro-brasileira, por conta de sua feição crítico-maneirista, reivindica os direitos básicos para as populações da diáspora africana, fato que, em termos de realidade brasileira, representa uma parcela considerável dos habitantes do país. Além disso, esse corpus literário e o aparato crítico, que se formou e vem se aperfeiçoando na sua abordagem, colocam em xeque a posição de autores e críticos legitimados nos ambientes culturais brasileiros, pois demonstram que o trabalho com a história e a criação literária no âmbito das afrodescendências requer espírito de inquietação e a formulação de discursos capazes de desmontar os clichês ainda presentes em obras que têm os afrodescendentes como referência. Muitas obras da literatura negra e/ou afro-brasileira — embora se apropriem, conforme dissemos, de recursos das narrativas provenientes do realismo/naturalismo e do modernismo — pertencem à esfera dos discursos desestabilizadores, pois evidenciam que o caráter subalterno da maioria dos afro-brasileiros, tantas vezes evocado para explicar sua ausência dos círculos literários e intelectualizados do país, vem se convertendo no combustível para a formulação de uma estrutura literária crítica e transformadora. No Brasil contemporâneo, a literatura negra e/ou afro-brasileira e, por sua vez, a literatura indígena têm emitido sinais pungentes de que o Brasil não pode planejar em paz seu futuro, por ainda não ter enfrentado criticamente — em busca de punição para os culpados e de retratação para as vítimas — os genocídios de suas populações negras e indígenas, desencadeados no passado e dolorosamente em curso na contemporaneidade.

Sobre uma epistemologia afrodiaspórica

> [...] *o processo simbólico não é algo de unívoco nem dado para sempre, mas o jogo da diferença e atração, do movimento agonístico, presente em toda atividade humana.*
>
> Muniz Sodré[1]

OS SIGNIFICADOS DA TRADIÇÃO

No início do ensaio "Tradição e talento individual", T. S. Eliot ressalta a complexa relação que os poetas do presente, interessados diretamente ou não no tema, estabelecem com o passado do qual emergem ou do qual tendem a se separar por discordância com a herança transmitida. Pondera Eliot que "se a única forma de tradição, de legado à geração seguinte, consiste em seguir os caminhos da geração imediatamente anterior à nossa graças a uma tímida e cega aderência a seus êxitos, a 'tradição' deve ser positivamente desestimulada".[2] A referência a esse trecho do ensaio e a seu autor não é casual, pois a tomaremos como contraponto ao mapeamento dos principais norteadores do cânone literário ocidental, que nos permitiu considerar a fixação de duas fronteiras: uma que nos permite ver o território interno desse cânone e outra externa, que não divisamos tão claramente e na qual são vivenciadas diferentes formulações estéticas. A visão embaçada que a historiografia literária tem lançado sobre as fronteiras externas, não obstante as provocações da crítica da literatura comparada ou dos estudos culturais, ainda permeia as conexões de intepretação que situam o cânone literário ocidental como instância de partida para a compreensão daquilo que se vivencia para além dele, em outros territórios que se insinuam como canônicos em suas áreas de influência.

Voltemos ao ensaio de T. S. Eliot. Ivan Junqueira recorda que o poeta foi "herdeiro de uma elite de imigrantes ingleses" estabelecidos em Massachusetts, em meados do século 18; teve entre seus ancestrais um reverendo fundador da Igreja Unitária de St. Louis e familiares vinculados à sociedade mercantilista de Boston, aspectos que, somados a uma formação acadêmica em ambientes sofisticados das elites norte-americana e europeia, frisaram um perfil intelectual que prezava "a ordem, a disciplina, a coerência e a tradição".[3] Esse perfil de intelectual e de percepção estética tem nos permitido, desde o Renascimento, apreender uma fração do mundo que julgamos corresponder ao mundo, não obstante as doses maiores ou menores de autocrítica, que relativizam sua ingerência na vida cultural. O relativismo, por demais explicitado, desse modelo que toma a parte pelo todo é aguçado no momento em que propomos uma flexão epistemológica — no domínio das vozes poéticas em curso no Brasil — que considera as seguintes proposições: *primeira*, se a reflexão de Eliot está enraizada numa "mentalidade europeia"[4] há que se reconhecer que as mentalidades não europeias não foram detectadas, de modo minucioso, pelo radar analítico do autor, embora, paralelamente, continuassem a se articular, gerando vozes e formas poéticas, apesar das restrições impostas pela herança da mentalidade europeia; *segunda*, se era para essa tradição que os poetas se voltavam, há que se perguntar pelos poetas, homens e mulheres forjados nas teias da diáspora africana, que, além da aceitação ou da recusa dessa tradição da mentalidade europeia tornaram-se cônscios de que poderiam pertencer a outras tradições de mentalidades não europeias.[5]

Nessa breve menção a Eliot e à sua análise, podemos observar uma apreensão do estético que, em larga medida, se disseminou pelos sistemas literários ocidentais, esboçando modelos de nacionalidade, de formas e de representações do fenômeno poético. No caso da literatura brasileira, uma mirada en passant nas obras de críticos de tendências e metodologias diversas como Sílvio Romero, Capistrano de Abreu, José Veríssimo, Afrânio Coutinho, Alfredo Bosi e Antonio Candido — apenas para citarmos algumas linhagens conhecidas de pensamento — demonstra que o reconhecimento da centralidade da "mentalidade europeia" em nossa formação literária não foi suficiente para nos indagarmos sobre quais aspectos não europeus essa formação obliterou. Regina Zilberman e Maria Eunice Moreira sintetizaram esse dilema ao afirmarem que

> [n]ascida sob a ascendência da literatura portuguesa, dada a sujeição política da colônia americana à Metrópole lusitana, a literatura brasileira foi moldando sua fisionomia com características próprias, que a tornaram aos poucos singular em relação às demais manifestações literárias, sejam as do Velho Continente, sejam as do Novo Mundo. Uma dessas marcas diz respeito à feição histórica, em virtude das condições de nação periférica; outra à necessidade constante de declarar sua autonomia e originalidade em relação ao tronco comum português.[6]

O dilema mencionado acima nos remete a textos fundamentais da crítica literária brasileira — como "Instinto de nacionalidade" (1873), de Machado de Assis; "Manifesto antropófago" (1928), de Oswald de Andrade; *Formação da literatura brasileira: momentos decisivos* (1959), de Antonio Candido; "Vale quanto pesa" (1978), de Silviano Santiago; "Nacional por subtração" (1986), de Roberto Schwarz —, que abordaram as contradições de um sistema literário gerado a partir dos embates entre forças representativas da autonomia e da dependência na sociedade brasileira do período pós-independência. Contudo, os debates em torno desses textos, longe de terem se esgotado, já se integraram — pode-se dizer, como os fios ao tecido — a uma cena reconhecível da crítica literária brasileira, que põe em relevo os impasses e as saídas propostos por uma rede literária que se tece ainda na periferia do capitalismo ocidental. O que nos chama a atenção, além dos textos citados, é a incorporação, ainda tímida, das estruturas literárias que Antonio Risério chamou de extraocidentais, com destaque para as formas poéticas indígenas e afrodescendentes:[7] o conhecimento acumulado sobre essas heranças culturais não tem repercutido, como era de se esperar, numa radicalização de formas e conteúdos poéticos que correspondem, permitam-nos dizer, a outra literatura brasileira circulando nas entranhas do cânone.

Se considerarmos o modo como lidamos com as formas poéticas tradicionais introduzidas no Brasil pelos africanos, bem como os desdobramentos que sofreram aqui, veremos como as apreciações acima são pertinentes. Ressalte-se a dificuldade de identificarmos essas formas: se herdamos um cânone literário à base da cultura ocidental, no qual sobressaem certos modelos de lírica (em que alma e corpo, à mercê do idealismo platônico, entram em contradição) e de formas textuais (em que se impõe o elogio ao decassílabo e à fulguração do soneto), apenas para citar dois pontos, como nos defrontarmos com a poética sagrada e erótica dos orikis no candomblé? Ou com a *melangé* banto--católica dos cantopoemas no congado? Ou com o sistema de metáforas dos vissungos? Ou com a poética gráfico-visual dos pontos riscados de umbanda? Onde estão as antologias dessas obras? Qual é o perfil dos enunciadores dessas poéticas? Em que medida se situam na fronteira entre a função ritual, com finalidades imediatas, e a função poética, resultante da experimentação e da valorização da linguagem em si mesma?

As respostas restritas a essas perguntas sinalizam para a maneira como as culturas negras ainda ocupam um lugar dúbio em nosso circuito literário, situando-se dentro dele (como fornecedoras de temas e estereótipos) e fora (como geradoras de formas e apelos estéticos diferenciados do cânone). As ciências sociais avançaram nesse campo, passando do limite em que tratavam as culturas negras como um componente inevitável mas estranho à cultura brasileira para um panorama que as apreende — bem como às culturas indígenas e às culturas dos grupos imigrantes — como diferenças em contato com outras diferenças, fato este que demonstra que só é pertinente falar em cultura brasileira a partir de sua pluralidade. No tocante às questões literárias, avançamos pouco: uma iniciativa como a do modernismo, de permanente direito à experimentação, hesitou em ver nas culturas negras uma fonte para esse exercício. As incursões de Raul Bopp e Jorge de Lima nessa área são importantes, sem dúvida, mas são a ponta do iceberg, quando se considera o vasto oceano das culturas negras no Brasil. Por conta desse afastamento, as comunidades negras deram continuidade às suas práticas poéticas, experimentando uma autonomia que se resolveu mais como fruto da necessidade do que como um procedimento intencional. Uma vez que a ordem social dominante e as instâncias da literatura canonizada ignoram ou conhecem fragmentariamente as poéticas africanas tradicionais e seus desdobramentos, coube aos enunciadores dessas poéticas sustentá-las no âmbito de suas comunidades. Aí, a linguagem polifônica dos orikis — percorrida por Antônio Risério — e o hibridismo dos cantopoemas se cumprem dentro e fora dos instantes rituais. Ao mesmo tempo nos apresentam um dever de casa, qual seja, o de reconhecer quais são e como funcionam as formas poéticas tradicionais africanas entre nós e de que modo interagem com as outras formas poéticas em circulação.

Diante de tal cenário, é ainda oportuno nos perguntarmos sobre a escassa vivência do multilinguismo em nossas textualidades literárias: se, por um lado, o colonialismo europeu hierarquizou as noções de culturas civilizadas e subculturas, obrigando-nos, por questões de sobrevivência ou de prestígio, a engendrarmos uma literatura oficial escrita no idioma do colonizador, por outro, a autonomização de nosso sistema literário demonstrou o quanto seria possível reinventarmos a língua do antigo colonizador. E, aqui, é inevitável não nos remetermos ao embate entre Próspero (o dominante) e Caliban (o dominado): se o primeiro impôs ao segundo sua língua, foi, por sua vez, aprendendo a língua do dominador que Caliban canalizou suas forças de resistência e articulou as fronteiras de sua identidade. No dizer de Janheinz Jahn, "al verter en el lenguaje de Próspero — que ya también es suyo — una cultura que Próspero ni há creado ni domina, y él sin embargo reconoce como suya, el mismo lenguaje cambia, adquiere significaciones inesperadas para Próspero".[8]

À maneira de Caliban, rearticulamos a língua do colonizador para tecermos um sistema literário próprio e incorporamos outras línguas como horizontes para um possível diálogo político e cultural. Isso viabilizou um cenário literário no qual o multilinguismo se concentrou na aproximação às línguas hegemônicas como o inglês, o francês, o espanhol e o alemão, fato de importância incontestável para o aprofundamento de nossa práxis literária. Contudo, há dois pontos de vista a serem considerados no decorrer dessa aproximação: primeiro, se nos restringirmos a essas línguas como agentes para o diálogo, será pertinente considerá-las a partir da perspectiva indicada por Janheinz Jahn, quando tratou da formação das literaturas de língua inglesa no continente africano. Ou seja, no dizer do autor, "La lengua inglesa será capaz de soportar el peso de mi experiencia africana. Pero tendrá que ser un inglés nuevo: en estrecha conexión con la patria de sus antepassados y, sin embargo, distinto para que le vaya bien a su nuevo ambiente africano".[9] Um segundo ponto de vista aponta para a ruptura da aura em torno das línguas hegemônicas e, ao mesmo tempo, sinaliza para a existência de outras línguas que podem contribuir para a tessitura de uma práxis literária inclusiva. Trata-se, nesse caso, de considerarmos os patrimônios linguísticos de extrações banto e iorubá, bem como de extrações indígenas, radicados no território brasileiro. No tocante ao patrimônio linguístico afrodiaspórico, há um complexo solo relacionado às línguas de procedência banto — parte dele mapeado por autores como Renato Mendonça, Aires da Mata Machado Filho, Yeda Pessoa de Castro e Nei Lopes —[10] e outro solo vinculado às línguas de procedência iorubá visitado sob diferentes perspectivas por estudiosos da religião dos orixás.

As provocações acima nos recordam que as diversidades socioculturais do Brasil, muitas vezes, são expressadas em experiências de linguagem que fundam ordens estéticas das quais nos aproximamos de maneira residual, ou seja, nos limitamos a pensar que, uma vez introduzidas no âmbito da língua portuguesa, essas experiências já cumprem seu papel de abalar as estruturas do status quo linguístico e conceitual. Contudo, ao nos depararmos com a textualidade iorubá, por exemplo, percebemos o quanto essa textualidade evidencia os limites de nossa recepção. Vejamos o fragmento de um texto que explicita as funções de Exu no domínio ritual. A partir da tradução do texto original, percebemos que, embora tecido em linguagem poética, ele se refere em ritmo de narrativa às funções do orixá e às relações que este estabelece com as demais divindades.[11] A história narrada pelo Odù Ifá explica como Exu transportou todas as oferendas até Olodumaré e se tornou, a partir de então, o "Encarregado e Transportador de Oferendas" entre o mundo dos homens e o mundo dos deuses:[12]

Kóunkọ̀rò
N lawo Ẹ̀wí ayé
Ọlọ́rùn mu dèdẹ̀ẹ̀dè kanlẹ́
Awo o gbàun-gbàun!
Àwọn Alákà ní n bẹ lódò
Wọ́n n tẹ̀ẹ̀ tútù niniini.
Àwọn wọ̀n yí ni Babaláwo
To dífá fún Irínwó Irúnmọlẹ̀
Ojù kòtún
Wọ́n dá fún igba mọlẹ̀
Ojù kòsì
A dífá fún Ọ̀șun
Sẹ̀ngẹ̀ sín Olóòyà iyùn
Níjọ̀ tó sìkẹtàdínlógún
Gbogbo irúnmọlẹ̀ wá sóde ìsálú àyé.
Nígbà tí Olódùmarè
Tí ó rán àwọn òrìsà mẹ́tàdínlógún 'yí
Wá sí òde ayé pé kí wọn ó má tẹ ìlé àyé dó.
Wọ̀n sí rọ̀ sí ayé ní igbá yí
Nnka tí Olódùmarè é kọ́ wọn
Láti òde òrun tí ó jẹ́
Ópómúléró ayé fún ìgbésì àwọn ọmọ ènìyàn
àti àwọn ẹbọra.
Olódùmarè é kọ́ wọn wí pé
Bí wọ́n bá dé ayé,
Kí wọn ó lá igbó orò,
Kí wọ́n ó sì la igbó éégún

Tí ọn n Ọpa.
Ò ní ki wọn ó sì la Igbódù fún Ifá
Tí wọn ó! Gbé mọ́ọ ịọ rè é tẹnìyàn nifá.
Ó ní kí wọn ó la pópó
Fún òrìṣà, kí wọn ó mọ́ọ pe ibẹ ní igbóòòṣà.

Que devia consultar
o porta-voz-principal-do-culto-de-Ifá;
a nuvem está pendurada por cima da terra...,
Babaláwó-dos-tempos-imemoriais,
os-"siris"-estão-no-rio
a-marca-do-dedo-requer-Yèrẹ́òsùn (pó adivinhatório de Ifá).
Estes foram os Babaláwó que jogaram Ifá para
os quatrocentos Irúnmalẹ̀, senhores do lado direito, e
jogaram Ifá para os duzentos malè, senhores do lado esquerdo.
E jogaram Ifá para Ọ̀ṣun,
que tem uma coroa toda trabalhada de contas,
no dia em que ele veio a ser o décimo sétimo dos Irúnmalẹ̀
que vieram ao mundo,
quando Olódùmarè enviou os òrì à,
os dezesseis, ao mundo,
para que viessem criar e estabelecer a terra.
E vieram verdadeiramente nessa época.
As coisas que Olódùmarè lhes ensinou
Nos espaços do ọ̀run constituíram nos pilares de fundação
que sustentam a terra para a existência de todos
os seres humanos e de todos os ẹbọra.
Olódùmarè lhes ensinou que
quando alcançassem a terra,
deveriam abrir uma clareira na floresta, consagrando-a
a Orò, o Igbó Orò.
Deveriam abrir uma clareira na floresta, consagrando-a

a Eégún, o Igbó-Eégun,
que seria chamado Igbó-Ọ̀pá.
Disse ele que deveriam abrir uma clareira
na floresta consagrando-a a Odù-Ifá, o Igbó Odù,
onde iriam consultar o oráculo a respeito das pessoas.

Diante da textualidade iorubá — registrada numa espécie de língua estrangeira dentro de nosso território literário e geradora de uma forma híbrida entre a poesia e a prosa —, entendemos que há um desafio proposto aos poetas e às poetas da literatura brasileira contemporânea, ou seja, como dialogar com as textualidades de extração africana tecidas nas várias regiões do próprio continente africano e/ou nas outras regiões da diáspora africana? No que se refere ao Brasil, ao analisar a presença das línguas africanas entre nós e o desprezo a que foram relegadas, durante anos, por estudiosos de várias áreas e mesmo por agentes da criação artística, Ordep Serra pondera:

> Acredito que as vicissitudes dos falares africanos no Brasil dão testemunho de uma notável resistência cultural e mostram o erro de a minimizar. Nas condições históricas de sua transmissão, que foram as mais desfavoráveis, a repercussão dos idiomas do continente negro neste país é realmente espantosa.[13]

A restrição do contato com essas textualidades parece ainda maior quando consideramos sua potencialidade criativa em termos de complexidade formal e conceitual e o escasso diálogo que temos estabelecido com elas na formulação de obras literárias, particularmente, no âmbito da poesia escrita. Para que essa carência de diálogo seja relativizada, é oportuno pensar, por exemplo, a noção de "texto criativo africano" como uma realidade densa e profunda, já que pode referir-se às elaborações orais vinculadas ou não aos ambientes de vivência do sagrado; às construções visuais acopladas aos objetos de uso cotidiano nas quais uma certa linhagem estética sustenta determinados princípios éticos; bem como às poéticas que têm por suporte as línguas do próprio continente e as línguas aí implantadas pelas potências ocidentais, durante os períodos de colonização.

Aliás, o cenário linguístico onde se desenvolvem as textualidades de matriz africana constitui, ainda, um grande desafio à percepção dos poetas situados nesta margem brasileira do Atlântico. O acesso limitado aos acervos da tradição oral e da literatura contemporânea gestados em África contribui para a construção ou a repetição de estereótipos, no processo de recepção. Quanto às tradições orais, em geral, elas emergem das páginas dos estudos de sociologia ou de antropologia, onde, dificilmente, são analisadas de uma perspectiva literária; quanto à literatura contemporânea, afora as justas distinções avaliadas pelos especialistas, não é raro encontrar quem imagine a literatura africana como um bloco. Porém, as literaturas africanas correspondem a outro campo epistemológico, no qual estão tensionadas diferenças culturais, políticas e geográficas que resultam, inevitavelmente, em respostas e experiências estéticas muito diversificadas. Diante disso, é relevante o diálogo que alguns poetas brasileiros estabeleceram com algumas modalidades do "texto criativo africano", tais como os orikis e os cantopoemas, articulados entre as populações de procedência iorubá e banto, respectivamente.

Nesse procedimento evidencia-se tanto a amplitude de espírito dos poetas (tocados pela vontade de abrir-se a diferentes formas de linguagem e de sentido) quanto a inventividade de experiências poéticas que se estruturam fora do "gosto" literário corrente. A pertinência desse diálogo, ainda restrito, está em nos dizer o quanto é necessário alargamos os gestos de aproximação ao Outro, se não quisermos restringir nossas competências estéticas e culturais. A intensidade das provocações que residem no diálogo mencionado pode ser vislumbrada, por exemplo, nas encenações de linguagem visual dos *adinkra* (linguagem de ideogramas corrente entre grupos sociais de Gana e Costa do Marfim) e na estruturação da filosofia banto — em termos de continente africano —, bem como nas configurações do "grito" como mediador de relações sociais e estéticas nas Antilhas e no sul dos Estados Unidos — para falarmos em termos de territórios afrodiaspóricos.[14] Em vista da complexidade das textualidades africanas e afrodiaspóricas, pode-se reconhecer, por um lado, a importância política que se atribui à imagem da "África", reconfigurada como "a mãe África" para compensar o exílio e o desterro; por outro lado, no entanto, as múltiplas implicações das realidades africanas e das realidades diaspóricas nos fornecem elementos para a apreensão de experiências estéticas que ultrapassam o absoluto da imagem maternal. Portanto, uma aproximação à rede de signos que perpassa as textualidades africanas e afrodiaspóricas revela-se como um desafio aos poetas contemporâneos, sendo eles afrodescendentes ou não. Essas textualidades, pelo que têm de inteligência e sensibilidade, capacidade de síntese e de ruptura, não se limitam a ser propriedade deste ou daquele agente; por essas características, elas pertencem à ordem do humano, pois o que se revela através delas realiza-se na história tanto quanto nas utopias que nos tornam a todos, apesar de nossas fragilidades, sujeitos além da história.

O que dissemos a respeito das textualidades africanas é importante para nos lembrar que a adesão a certas faturas de linguagem e de realidade cultural — a exemplo do que se pretende aqui, em relação à afrodiáspora — percebidas como não canônicas, implica a aceitação do risco como uma metáfora de busca do conhecimento, ou seja, é no limite entre uma fatura literária conhecida e outra menos conhecida que se forja a vontade de nos aprofundarmos na compreensão das textualidades não canônicas. E isso, amparados pelo desejo de não impormos às várias expressões de textualidade, como fizeram outros agentes da colonização, um índex de procedimentos criativos válidos e não válidos. Por isso, nos arriscamos sob essa perspectiva crítica, quando pensamos Exu e a realidade cultural que o sustenta, cientes de que sua descoberta pode desestabilizar nossas convicções sobre a função esclarecedora que a linguagem desempenha ou, dito de outra maneira, cientes de que a rapsódia da dicção de Exu se contrapõe ao cartesianismo gramatical da língua portuguesa oficial.

O caráter polifônico e contraditório, unitário e fragmentado da dicção de Exu não é, contudo, similar a tais processos encontrados na estrutura do Barroco: enquanto neste, como estilo consagrado, as tensões são racionalmente reconfiguradas em processos de síntese, na dicção de Exu o desenvolvimento das várias possibilidades do sujeito através da linguagem — mais do que a busca da síntese, mesmo que temporária e minada por um possível viés de nonsense — é explicitada como sua função no universo simbólico das divindades e na práxis social dos indivíduos. Por ser o processo em si, a dicção de Exu — como veremos no decorrer deste livro — nos fascina (porque nos oferece na realidade dada a destruição dessa mesma realidade e sua reconstrução, simultaneamente: essa dicção é para arruinar a concretude que nos conforta e, sem promessa, nos impelir à reconstrução de realidades sempre outras) e nos perturba (porque evidencia que nossas mais sólidas garantias estão à mercê de nossas próprias dúvidas e desejos ou, ainda, que somos nós, sujeitos desamparados na história, os articuladores da História).

O acesso a essa dicção, assim como à tradição greco-romana que hoje nos soa familiar, exige uma vivência e uma aceitação de princípios culturais que, muitas vezes, de forma contraditória, perpassam nossos dias sem que os reconheçamos de modo profundo. Referimo-nos, aqui, à relevância das mitologias afrodiaspóricas para o adensamento da teia social brasileira, tanto quanto a outras mitologias que contribuíram e continuam a contribuir para sua configuração. Por ser o objeto do presente ensaio, vale observar que só é possível falar da importância das experiências africanas em relação ao sagrado, no contexto brasileiro, se entendermos que elas são parte de um complexo cultural que apresenta seus valores morais, seus modos de relacionamento entre bens espirituais e materiais, seus esquemas de relação entre indivíduos e dos indivíduos com o grupo. Falar a respeito dessas experiências africanas é falar sobre as condições em que as culturas africanas chegaram ao Brasil e sobre os mecanismos que desenvolveram para se manterem ligadas às fontes tradicionais e, ao mesmo tempo, se rearticularem no novo espaço histórico-social.

Considerando a relevância das culturas afro-brasileiras, percebemos que as práticas do sagrado herdadas dos africanos se apresentam, entre outras possibilidades, como estimuladoras de vivências sociais (levando-se em conta a complexidade dos vínculos que o sagrado cria para os indivíduos) e de criações estéticas (notando-se a riqueza dos apelos que o sagrado propõe à sensibilidade do artista e do público). Além disso, a influência dessas práticas do sagrado se efetiva quando elas sustentam o cenário social e simbólico que as originou, garantindo, assim, a vigência desses elementos para o grupo social, mesmo nas condições mais adversas. Às vezes, o próprio afro-brasileiro não conhece de maneira convincente o mundo de seus ancestrais. Porém, a memória desse mundo continua lá, no lugar onde as experiências visíveis e invisíveis provocam nossa consciência e nos ajudam a entender que não somos o ponto final de uma trajetória histórica, mas um elo, entre outros, na formação de uma larga cadeia de eventos sociais, políticos, históricos e culturais.

É, portanto, a partir da abordagem de uma dicção poética articulada segundo as heranças afrodiaspóricas de matriz iorubá no Brasil que pretendemos traçar uma cartografia da interferência estética de Exu na obra poética de autores e autoras afrodescendentes. Para tanto, voltamos à gênese deste projeto, que se desenhou como um processo crítico-criativo (a escrita de um livro de poemas a partir da releitura de alguns aspectos da mitologia iorubá), antes de adquirir um contorno acadêmico (a redação de um ensaio crítico sobre a relação entre poesia e mitologia iorubá). Nos dois exercícios de escrita, a correlação de forças históricas e sociais atuantes na articulação entre as heranças ocidentais e extraocidentais durante a formulação dos poemas do *Livro de falas*, de 1987, nos permite observar a tessitura de um patrimônio estético considerável, seja porque resultante de diálogos e rupturas, seja porque se mantém aberto a contínuas releituras. Explicitamos os procedimentos que resultaram no *Livro de falas* na entrevista concedida ao poeta e crítico norte-americano Steven White, publicada na revista *Callaloo*, da Universidade da Virgínia, em 1996.[15] Àquela altura, respondemos da seguinte maneira à pergunta "Qual foi o propósito de escrever o *Livro de falas*?":

> Eu sempre alimentei a vontade de que minha poesia pudesse ser enriquecida com a poesia que existe na mitologia iorubá. Mas eu não sou iniciado, por isso não conheço sua constituição do sagrado tão profundamente quanto eu deveria e desejaria conhecer. Por outro lado, eu não pretendia simplesmente contar os mitos do candom-

blé com minhas palavras. Na Bahia, o mestre Didi (Deoscóredes Maximiniano dos Santos), que é descendente de uma linhagem de sacerdotes de origem ketu e iniciado nos mais altos postos sagrados, realizou de modo magnífico o trabalho de contar os mitos do candomblé. Tive alguns pontos que orientaram a escrita do *Livro de falas*. Eu queria escrever poemas que despertassem emoção e mostrassem o esforço do poeta para conhecer as palavras. A epígrafe do *Livro* fala de Exu, que engole todas as coisas e depois as devolve ao mundo. Eu sentia a necessidade de internalizar ou de engolir a beleza dos mitos para depois devolvê-los ao mundo. Trazer os mitos para dentro de mim era uma maneira de conhecê-los, ainda que parcialmente. E o que me atraía mais era devolver os mitos com algum sentido a mais, além dos sentidos sagrados que eles possuem no candomblé. O "outro" sentido para os mitos está na minha experiência de não iniciado, ou seja, do homem moderno e fragmentado que deseja se reaproximar do sagrado. Daí, vem o segundo ponto de orientação para o *Livro de falas*: estabelecer uma ligação entre a tradição e a modernidade da cultura afro-brasileira. As epígrafes de cada poema remetem ao mito original, e os poemas procuram ser uma outra voz, conversando com o mito original. Na voz dos poemas está meu encantamento pelo sagrado e minha perplexidade por vê-lo apenas de fora. O *Livro de falas* não é livro do poeta que se entrega a lamentar a totalidade perdida. É livro do poeta que tem admiração pela totalidade, mas que se compreende parte da modernidade fragmentária. Do diálogo entre tradição e modernidade me propus a criar uma linguagem que nascesse da riqueza estética da cultura afro-brasileira. Diante de um poema que faz referência à tradição greco-romana afinamos a sensibilidade e o intelecto para chegarmos a algum de seus muitos sentidos. O *Livro de falas* propõe experiência semelhante, porém a "tradição clássica", neste caso, tem referenciais na cultura afro-brasileira. Os deuses são negros, as regras de sacrifício e premiação pertencem a outro modelo de cultura. O *Livro de falas*, assim como meus outros livros, não é obra de explicação. É obra de provocação ao diálogo, de busca de experimentação de novas sensibilidades. E para mim uma das faces dessa nova sensibilidade significa olhar e entender o mundo a partir da experiência afetiva, histórica e social dos homens e mulheres negras. Por ser um livro de diálogos, o *Livro de falas* quer também despertar as mais diferentes sensibilidades, de pessoas negras e não negras. É interessante observar como algumas imagens dos mitos originais do Candomblé trazem uma estimulação que lembra o Surrealismo. Em algumas passagens do *Livro de falas* usei intencionalmente imagens de mitos originais colocadas junto de imagens criadas pelas técnicas surrealistas. Em resumo, propus-me a realizar poucas coisas quando escrevi o *Livro de falas*. Hoje ele parece ter crescido tanto que devo ficar à sua sombra, ouvindo-o para aprender de novo. Aprender sobre os mitos iorubás e sobre o quase mito em que o livro se transformou para mim mesmo.

Retomadas à distância de duas décadas, as reflexões acima podem ser vistas como um roteiro pessoal, que orientou outras obras poéticas que editamos ao longo dos últimos anos. Porém, esse roteiro observado à luz das análises de teóricos como Stuart Hall, Édouard Glissant e Paul Gilroy revela aspectos que não se referem somente a uma experiência pessoal, mas a experiências coletivas, que se desenrolam, desde fins do século 15, nos territórios desenhados no Ocidente a partir das diásporas africanas. Ou seja, o que lá dissemos, antes de ser um achado específico em uma obra, faz parte de um conjunto de perspectivas estéticas e culturais forjadas no decorrer de duras vivências de sujeitos ancestrais e de sujeitos contemporâneos. O mergulho nas provocações simbólicas propostas pela mitopoética de Exu nos remete: a) à crítica do sujeito iluminista, à medida que nos estimula a confrontar sua configuração com o modelo de racionalidade centrada em experiências de mundo eurocêntricas e/ou ocidentais; b) à percepção do mundo e do sujeito como formas plurais que interagem — através de processos de negociação e conflito — em contextos históricos e sociais dinâmicos; e c) à reapropriação, por parte de sujeitos afrodescendentes ou não, dos saberes culturais afrodiaspóricos tecidos durante a travessia do Atlântico Negro.[16]

O traço estético que riscamos durante a escrita do *Livro de falas*, aproximado à densa rede teórica elaborada por Hall, Glissant e Gilroy — que nos legaram enunciados críticos referentes, respectivamente, à percepção das identidades modernas como um fenômeno de descentramento e fragmentação do sujeito, à valorização da poética da diversidade e à análise da dupla consciência do sujeito negro —, aponta para a configuração de uma epistemologia afrodiaspórica, situada em diálogo e em diferença em relação à epistemologia de base ocidental, que viabiliza, em grande parte, a articulação das realidades históricas e sociais nas quais, nós, brasileiras e brasileiros, estamos inseridos. Sobre essa outra epistemologia, que sustenta há séculos no continente americano a sobrevivência e a capacidade de reinvenção das populações negras submetidas aos horrores da escravidão, há que se ressaltar a demora em observá-la como um suporte para construção de sentidos, ou seja, como um modelo de pensamento a partir do qual práticas sociais são engendradas. Em geral, as análises sobre o legado afrodescendente associam essa base epistemológica à prática social, o que resulta numa herança equivocada e racista, segundo a qual negros e negras estão predispostos a fazer algo sem, de fato, produzirem motivos que justifiquem esse algo realizado. Daí o espaço estreito delegado aos afrodescendentes, tidos e havidos como sujeitos do fazer, dependentes, portanto, de outra epistemologia que lhes explique o porquê de sua ação social.

Contudo, a imersão nas teias sociais das populações afrodescendentes — e aqui nos restringimos à nossa vivência pessoal e acadêmica junto às comunidades afro-brasileiras — revela uma complexa epistemologia que, no cenário brasileiro, nos direciona para duas grandes vertentes afrodiaspóricas: uma de matriz banto (que analisamos detidamente em outras oportunidades)[17] e outra de matriz iorubá (que, abordada de uma perspectiva estética, permitiu-nos elaborar as coletâneas poéticas *Livro de falas* e *e*).[18] O acervo de estudos sobre as heranças iorubás no complexo sociocultural brasileiro é significativo, basta observarmos o repertório que inclui desde os estudos realizados por Nina Rodrigues, Edison Carneiro, Arthur Ramos, Roger Bastide, Gilberto Freyre, Pierre Fatumbi Verger, Vivaldo da Costa Lima, Juana Elbein dos Santos, Júlio Santana Braga, Maria de Lourdes Siqueira, Monique Augras, Rita Laura Segato até um número expressivo de teses e dissertações defendidas em várias universidades brasileiras e estrangeiras.[19] A partir das reflexões propostas por analistas das matrizes iorubás, esboçamos, para o presente livro, a seguinte hipótese: a interpretação de obras poéticas de autores e autoras afrodescendentes nos habilita a afirmar que as recepções dos atributos simbólicos de Exu resultaram, na contemporaneidade, em duas vertentes estéticas que chamaremos, respectivamente, de *Orfe(x)u* (marcada pela reiteração no domínio literário dos atributos sagrados de Exu) e *Exunouveau* (caracterizada pela interpretação crítico-criativa desses mesmos atributos no âmbito literário).

Em face disso, consideramos que o solo epistemológico dos conceitos *Orfe(x)u* e *Exunouveau* contrasta com aquele palmilhado por T.S. Eliot em seu ensaio "Tradição e talento individual". Por ser fundamental para a comprovação de nossa hipótese, julgamos oportuno mencionar agora e detalhar a posteriori os modos de apreensão da tradição que permeiam os solos epistemológicos afrodiaspóricos. É fato que o legado cultural iorubá no Brasil ocorre num cenário colonial e pós-colonial permeado por relações contraditórias, no qual se destacam os encontros e os desencontros entre modelos culturais diferentes entre si. Por isso, os herdeiros das matrizes culturais afrodiaspóricas são impelidos a dialogar com uma epistemologia ocidental, de base europeia, ao mesmo tempo que diferem dela por razões que vão desde as diferenças na visão de mundo até as práticas sociais cotidianas. Vejamos um exemplo desse contraste, que é atravessado, obviamente, por tensões resultantes de embates étnicos, políticos, sociais e culturais. Na perspectiva de Eliot, um sentido possível de tradição "consiste em seguir os caminhos da geração imediatamente anterior à nossa graças a uma tímida e cega aderência a seus êxitos, a 'tradição' deve ser positivamente desestimulada". A reiteração, como se vê, implica uma rede que aprisiona o poeta do presente, isso porque sobressai no conceito de tradição a lógica da permanência, em detrimento da lógica da transformação.

Na perspectiva da epistemologia afrodiaspórica a tradição se configura como um conceito que, segundo Chinua Achebe, não deve ser pensado como "uma necessidade absoluta e inalterável, mas como metade de uma dialética em evolução — sendo a outra parte o imperativo da mudança".[20] Em linhas gerais, a apropriação estética dos atributos de Exu vincula-se a uma lógica da repetição e da manutenção do legado: esse modo *Orfe(x)u* de se apropriar da tradição é reconhecido e valorizado no contexto afrodiaspórico como índice de recuperação de um patrimônio cujo processo de ruptura se acelerou com o colonialismo europeu e a instauração da escravidão moderna. Se, para Eliot, essa reiteração da tradição é uma prática danosa no contexto da literatura inglesa (e ocidental), podemos dizer, de outra perspectiva, que nesse mesmo contexto ocidental a repetição será estimulada pelo conceito *Orfe(x)u*. A partir do reconhecimento e da reiteração da tradição, esse conceito cria as condições para a estruturação do seu suplemento, ou seja, o conceito *Exunouveau*. Segundo esse modo, a permanência de Exu como símbolo da transformação depende das reinterpretações que os sujeitos vinculados à afrodiáspora estabelecem para os atributos dessa divindade.

A par disso, é válido considerar que a epistemologia afrodiaspórica, pelo menos em parte, alimenta-se desses modos de reinterpretação dos legados ancestrais, com base numa dinâmica que, segundo Leda Maria Martins, demonstra que "as culturas negras, em seus variados modos de asserção, fundam-se dialogicamente em relação aos arquivos e repertórios das tradições africanas, europeias e indígenas, nos jogos de linguagem, intertextuais e interculturais, que performam".[21] No território de performance, desenhado pelos movimentos da diáspora, o sujeito afrodescendente reteve e transformou aspectos das culturas negras mediante as condições socioculturais que lhe foram propiciadas, com grandes obstáculos a superar, durante a vigência do regime escravista e também após sua extinção, no caso brasileiro.

Um fato sociológico, analisado por Roger Bastide, demonstra como esse processo de retenção e de transformação de aspectos oriundos do passado sugere ações que, no domínio estético, revelam um modus operandi da epistemologia afrodiaspórica, ou seja, a competência do sujeito oprimido para reelaborar, numa dimensão simbólica que o favoreça, um fato com o qual se depara na realidade concreta. No livro *Negras raízes mineiras: os Arturos* abordamos essa questão.[22] O estudo da linguagem simbólica demonstrou o alto rendimento desse processo, sobretudo, quando o sujeito negro se encontra em situações de conflito, a exemplo dos embates envolvendo fatores étnico-raciais e de classes sociais. Nesses momentos, como ressaltou o capitão do terno de Congo Mário Braz da Luz, "a gente fala pareceno uma coisa e é otra coisa. [...] Uma palavra pode sê uma penca de ideia".

Conforme Bastide, "[o] primeiro grito do negro libertado era: 'Agora vamos ter casas com janelas e porta do fundo'".[23] Além do fato de propiciar alguma melhoria na habitação, com maior circulação de ar em seu interior, essa mudança — segundo Bastide — revestiu-se de um importante significado simbólico por exprimir o desejo do sujeito negro "de escapar ao controle do branco [a porta de trás, por onde podia sair sem ser visto, enquanto a senzala não tinha mais que a porta da frente, bem em frente da casa do senhor ou do casebre do feitor], e também o desejo mais profundo ainda de comunicação com o vasto mundo, de abertura sobre os valores europeus [as janelas]".[24]

O modus operandi da epistemologia afrodiaspórica nos permite interpretar o episódio da porta dos fundos de uma perspectiva inversa àquela que habitualmente conhecemos por reservar aos negros e às negras, e aos pobres em geral, a "entrada de serviço" como meio de acesso. Sob essa acepção, a porta dos fundos cristaliza as práticas de exclusão étnica, econômica e social e restringe as áreas de circulação do discriminado no espaço físico (por obrigá-lo a ocupar um lugar de trabalho e de relações obscuras, "os fundos") e no espaço simbólico (por incutir-lhe a ideologia de aceitar sua própria invisibilidade). O episódio narrado por Bastide, no entanto, realça os traços de uma epistemologia afrodiaspórica que enfatiza os processos de resistência à opressão, através da retenção e da transformação de experiências. As janelas, vistas pelo autor como uma abertura a outros valores — acrescentaríamos, não exclusivamente europeus —, e a porta situada fora do alcance do poder dominante representam, como dissemos, um modo de reelaboração, no domínio simbólico, dos fatos que se impõem ao sujeito. Em termos estéticos, encontram-se aqui os componentes — e o desafio — para uma prática literária em que o mergulho na realidade social faz-se pari passu à reinvenção da linguagem e à experimentação das formas poéticas e ficcionais.

Como é possível notar, o sujeito afrodescendente encontra, através da garimpagem dos aspectos étnicos, históricos, econômicos e sociais procedentes da diáspora africana, muitos elementos com os quais articula, em parte, sua visão de mundo, associando-a aos demais componentes culturais da sociedade brasileira. No que diz respeito aos componentes de uma epistemologia afrodiaspórica, é importante notar que na lógica do pensamento africano o sujeito percebe o universo "como um complexo de forças que se defrontam, opondo-se ou se neutralizando. O equilíbrio atingido na configuração dos sistemas não implica em harmonia estática e estruturada, mas é sempre um equilíbrio instável, dirigido por princípios dinâmicos e estruturantes".[25]

Em outras palavras, a epistemologia afrodiaspórica de matriz banto e/ou iorubá consiste num solo fértil que se exprime através de "um equilíbrio instável". Ou seja, as práticas culturais que se desdobram desse solo foram incorporadas ao modelo amplificado que chamamos de cultura brasileira e, por vezes, são aceitas e rejeitadas, simultaneamente. É nesse jogo de pertencer e não pertencer à cultura brasileira, de ajudar a constituí-la e de ser rejeitada por ela que a epistemologia afrodiaspórica encontra sua teia de significações. Veja-se, por exemplo, os casos do samba e da capoeira — que entre a condição de práticas culturais incensadas e perseguidas se converteram em tradições que se transformam, simultaneamente, extraindo desse "equilíbrio instável" uma das razões para sua relevância na cultura brasileira. Contudo, uma análise dessa prática cultural e de outras — como as religiões de matriz africana, bem como suas narrativas de preceito, cantopoemas e os orikis, além de inúmeras práticas de nossa chamada cultura popular — evidencia um substrato de valores e de percepção de mundo que, em tempos menos favoráveis, são tratados como "coisas de negros". É, portanto, na superação dessa percepção negativa destinada aos afrodescendentes que se revelam esquemas culturais, intenções políticas e articulações sociais relacionados à dura experiência da diáspora africana.

OS EIXOS BANTO E IORUBÁ DA EPISTEMOLOGIA AFRODIASPÓRICA

Os trabalhos de críticos como Stuart Hall, Édouard Glissant, Paul Gilroy, Muniz Sodré, Leda Maria Martins, entre outros, ao visitarem esses esquemas, intenções e articulações, têm demonstrado que os herdeiros e as herdeiras dos homens e das mulheres que cruzaram forçadamente o Atlântico elaboraram, ao longo do tempo, um complexo exercício de reescrita de suas experiências individuais e coletivas. Por isso, exige-se cada vez mais de quem pretende guiar-se pelas cartografias culturais da diáspora africana um esforço de interpretação de índices — e não apenas de fatos — culturais, pois onde vigora o não dito e o enigmático algo real e concreto pode estar sendo preparado para ser inserido na cena social. Dizemos isso, por exemplo, quando se trata de abordarmos as fontes e as formas das expressões literárias afrodescendentes no Brasil. Se, por um lado, essas expressões se vinculam a referências do romantismo, do realismo e do naturalismo tão marcantes em nosso cânone literário, por outro, essas expressões fluem e refluem de mananciais estéticos como os de procedência banto e iorubá, que, bem sabemos, não vincaram, por razões previsíveis, o cânone literário nacional.

Contudo, os índices estéticos desses mananciais subjazem à experiência literária dos sujeitos da diáspora e, como apontaremos mais adiante, fornecem suporte para a expansão de outras vertentes dentro da literatura brasileira, a exemplo daquela propiciada pela constituição da vida social com base numa epistemologia de procedência banto e/ou iorubá. A propósito da intervenção desses mananciais banto e iorubá, quando se articulam em obras literárias concretas, caberia dizer o que afirmou Haroldo de Campos acerca de Oswald de Andrade a partir de sua interpretação do fenômeno social e estético da antropofagia. Segundo Álvaro Faleiros, ao criticar os esforços de certas abordagens históricas e literárias que delinearam o cânone brasileiro, Haroldo de Campos recorre a Oswald de Andrade para propor "uma nova ideia de tradição (antitradição), a operar como contravolução, como contracorrente oposta ao *cânon* prestigiado e glorioso".[26] Ainda na esteira das análises de Haroldo de Campos em que, conforme Álvaro Faleiros, é interessante atentar para o fato de que "uma tradição literária é invenção e diálogo",[27] somos instados a considerar três atitudes que resultam na percepção de um território literário afrodiaspórico no Brasil:

1. a perquirição etnográfica, que nos permitirá reconhecer e registrar o acervo de poéticas e narrativas banto e/ou iorubás em suas vertentes oral (corrente, sobretudo, nas comunidades de afrodescendentes) e escrita (inserida, de modo particular, nos trabalhos de pesquisadores das áreas das ciências sociais);

2. a ampliação do conceito de literatura, que nos tornará aptos a perceber os procedimentos estéticos de textualidades

geradas em circunstâncias rituais como bens coletivos, porém explicitadas como reinvenções pessoais no instante da *performance* que as atualiza para o grupo social;

3. a proposição de novos conceitos, que nos propiciarão condições éticas e estéticas para abordarmos os modos como autores e autoras contemporâneas utilizam os mananciais banto e/ou iorubá não só para reiterar suas características ancestrais, mas também para tomá-los como referenciais para a criação de textualidades marcadas pelo experimentalismo.

Em seu livro *O Atlântico negro*, Paul Gilroy apontou uma série de fatos que nos ajudam a apreender o alcance das produções culturais geradas nos países que, herdeiros dos processos de colonização e escravização, apresentam-se na contemporaneidade como territórios de intercâmbios ideológicos e estéticos os mais diversos. A partir do conceito de diáspora — que, segundo Gilroy, "ativamente perturba a mecânica cultural e histórica do pertencimento" —[28] torna-se viável pensar as culturas das sociedades pós-escravistas e pós-coloniais como culturas híbridas, em perspectiva de viagem, pois resultantes de conflitos e negociações que caracterizam panoramas sociais, políticos e culturais em aberto. Por isso, a imagem do Atlântico negro se impõe como um legado radical para a mudança da percepção não só dos quadros políticos, mas também dos mecanismos culturais e estéticos que fundaram a face das sociedades pós-coloniais. Ou seja, o Atlântico, além de ser uma referência geográfica ou espacial, constitui-se, na contemporaneidade, como um índice de culturas em movimento. De outro modo, pensar a cultura em países como Angola, Moçambique, Cabo Verde, Brasil, Cuba, Haiti e Martinica significa pensar as estratégias que os sujeitos adotam para articularem suas práticas culturais. Por conta disso, além de descrever os fatos culturais, em geral, e o fazer literário, em particular, importa conhecer os mecanismos que lhes oferecem suporte e significação.

O Atlântico negro, dessa perspectiva, apresenta-se a partir da potencialização das trocas de modelos estéticos, de tecnologias, de ideias e de comportamentos. Mais do que buscar influências que evidenciam a sobreposição de um modelo cultural (colonizador) sobre o outro (colonizado), a viagem atual através do Atlântico negro nos leva a pensar sobre o modo como as negociações estabelecidas entre os indivíduos e as coletividades deram voz e vida a esses modelos. Aí sobressaem os sinais de concordância e de discordância entre valores, bem como as mesclas, as sínteses e também as separações entre esses valores. Viajar o Atlântico negro é, pois, uma experiência de leitura do caos ou, em outros termos, de ressignificação dos fragmentos a partir da negociação entre as diferenças. Por isso, nossas análises levam em conta a necessidade de trabalharmos com o conceito de hibridismo, considerando-o como um instrumento para entendermos "o que participa de dois ou mais conjuntos, gêneros, ou estilos".[29] Tal instrumento é importante para nossas reflexões na medida em que "enfatiza acima de tudo o respeito à alteridade e a valorização do diverso"; realça "o constante apelo a mesclas, reciclagens, metamorfoses e ultrapassagens de fronteiras".[30]

Como se pode notar, o solo de onde emerge a epistemologia afrodiaspórica no Brasil é extremamente complexo. Se, num primeiro instante, temos a impressão de que suas tensões e contradições configuram um eixo em torno do qual giram todas as temáticas da afrodescendência, logo somos instados a perguntar se duas matrizes culturais densas, como as de feição banto e iorubá, não teriam propiciado a articulação de epistemologias afrodescendentes diferenciadas entre si. Com efeito, os diálogos das culturas negras na diáspora geraram práticas culturais como o candomblé angola e a umbanda, nas quais se entrecruzam — com maior ou menor frequência — traços culturais bantos e iorubás. Contudo, uma análise dos aspectos epistemológicos coloca-nos diante de uma herança cultural banto-católica e de uma herança cultural iorubá, que dão forma a práticas específicas, como o congado e o candomblé, respectivamente. Por isso, antes de nos aprofundarmos nas análises dos conceitos *Orfe(x)u* e *Exunouveau*, forjados no âmbito de uma epistemologia iorubá, retomaremos alguns aspectos da epistemologia banto, à qual nos dedicamos há mais tempo. Para tanto, levaremos em conta alguns aspectos teóricos desenvolvidos pela professora e pesquisadora Leda Maria Martins, que, a partir da análise de questões relativas ao congado — mesmo sistema religioso que privilegiamos em nossos estudos sobre as heranças de matriz banto no Brasil —, demonstra a prevalência de um modo de ser e de pensar afrodescendente em nossa realidade social, particularmente nas comunidades de devotos de Nossa Senhora do Rosário. Após a panorâmica sobre a epistemologia banto e suas relações com o domínio do catolicismo, nos ocuparemos, no capítulo seguinte, da articulação dos conceitos *Orfe(x)u* e *Exunouveau* — entendidos como expressões de uma epistemologia de base iorubá — e de sua aplicação na construção do discurso poético.

O EIXO BANTO DA EPISTEMOLOGIA AFRODIASPÓRICA

Abordaremos a seguir alguns aspectos da epistemologia banto (que chamamos também de banto-católica, já que consideramos o sincretismo como uma força atuante no contato entre as matrizes culturais banto e europeia em território brasileiro) a partir de discussões estabelecidas nas obras da professora, poeta e ensaísta Leda Maria Martins, uma das intelectuais afro-brasileiras contemporâneas mais instigantes por relacionar, de modo contínuo e profundo, as vivências sociais dos devotos de Nossa Senhora do Rosário, no congado, e os procedimentos teórico-investigativos desenvolvidos por ela no ambiente acadêmico. Seus estudos, adensados pelo diálogo entre elementos teóricos advindos da teoria da literatura, da antropologia e da sociologia, lançam luz sobre aspectos relevantes das elaborações discursivas de várias comunidades afrodescendentes no Brasil.

Essas elaborações constituem um variado corpus textual no qual se pode identificar formas em prosa (narrativas de preceito, histórias de vida, depoimentos) e verso (cantopoemas, invocações sagradas, orações, ensalmos). É importante observar que a oralidade é o suporte inicial dessa textualidade e, como já foi demonstrado em vários estudos, trata-se de um suporte complexo, capaz de revelar muito de uma ordem social na medida em que perpassa os labirintos e as clareiras de organização dos próprios grupos. Ao abordarem o acervo cultural de herança banto-católica, as análises de Leda Maria Martins demonstram a existência de um refinado trabalho de linguagem, de arranjos sonoros e de projeções corporais — aspectos que derivam de uma ordem epistemológica gerada a partir das negociações e dos conflitos entre diferentes grupos étnicos. À proporção que os sujeitos afrodescendentes entrelaçam seus discursos, exercitam-se no reforço de uma linha epistemológica que contribui para a sustentação histórica e social de suas comunidades. Ou seja, através do acervo literário gerado pelos habitantes das comunidades de procedência banto-católica é possível analisar a formulação de um discurso de fundação de certa ordem social, permeada pelas normas de conduta e pelos sistemas de valores que a sustentam. Se, no âmbito da cultura clássica, a linhagem discursiva de Homero (*Ilíada*, *Odisseia*) funda determinada ordem social — na qual, por exemplo, a conduta do herói nos leva a reconhecer valores como lealdade e justiça que, dentre outros, norteiam o pensamento ocidental —, analogamente podemos analisar a presença dessa lógica de fundação — baseada em elementos afrodiaspóricos — nas narrativas e cantopoemas das comunidades vinculadas às práticas do congado.

Com a publicação do livro *Afrografias da memória*, em 1997, Leda Maria Martins — ao se deter na análise da textualidade oral afro-brasileira, a partir do reinado de Nossa Senhora do Rosário da Comunidade do Jatobá — pavimenta um caminho singular para o diálogo entre as investigações históricas (mediante a abordagem da formação e da transformação da vida das populações negras de Minas Gerais vinculadas às Irmandades dos santos negros), antropológicas (em face da interpretação dos modos de vida estabelecidos por essas comunidades de afrodescendentes, considerando aspectos particulares de sua sociabilidade, entre eles, a construção de uma relação entre tradição e modernidade em suas vivências do sagrado) e literárias (em vista da valorização estética dos cantopoemas que formam o repertório de referências míticas, sociais e individuais do congado).

Nos comentários a seguir, consideraremos alguns aspectos da análise que Leda Maria Martins desenvolveu acerca das vivências dos devotos do Rosário, em Minas Gerais, particularmente de suas elaborações poéticas. Essas análises ganharam traços mais definidos e profundos no livro *Afrografias da memória*, razão pela qual, a partir de agora, abordaremos diretamente as reflexões apresentadas pela autora na referida obra. Um dos componentes que, segundo nossa visão, tornam esse estudo de Leda Maria Martins indispensável para quem pretende estudar as chamadas poéticas da voz, em nosso contexto, é a íntima relação estabelecida pela autora entre o trabalho de campo (que consistiu em sua inserção contínua no cotidiano dos devotos, bem como nos momentos específicos dos rituais do congado) e a trama teórica haurida por ela em seu percurso acadêmico. Para tanto, uma aproximação, ainda que restrita, ao domínio histórico-social e mítico do congado torna-se necessária para compreendermos a particularidade das interpretações propostas por Leda Maria Martins. Vejamos, então, um panorama das práticas culturais que dão forma e sentido ao congado.

As vivências dos devotos

Atualmente, o congado apresenta diversas configurações, em vista da perda, da transformação ou do acréscimo de novos elementos. Em Minas Gerais, está articulado a partir de uma fundamentação mítica, reencenada através de cortejos, embaixadas e danças rituais. O mito narra a ação dos negros que retiraram Nossa Senhora do Rosário das águas (segundo algumas variantes, de uma gruta) e, após uma disputa com os senhores brancos, assentam a santa numa capela. Desse episódio em diante, a Senhora do Rosário torna-se a protetora dos homens negros. Os cortejos, as embaixadas e as danças reatualizam esse enredo. Os cortejos se subdividem em reinado e ternos. O reinado é formado por reis e rainhas, príncipes e princesas com várias designações (do congo, perpétuos, festeiros etc.) e guardas-coroas; representam a coroa de Nossa Senhora do Rosário. Os ternos ou os guardas desempenham a função de proteger o reinado; são constituídos pelos devotos que rezam, cantam, dançam e pagam promessas. Cada terno possui histórias, coreografias, músicas, vestes e instrumentos específicos. Os mais destacados são congo, moçambique, catopê, marujo, penacho, vilão, caboclinhos e candombe. Os ternos saem fora dos limites das comunidades para conduzirem o reinado, cumprirem promessas e visitarem-se uns aos outros. O candombe apresenta uma série de particularidades, pois é venerado pelos devotos como a referência mais antiga do congado; além disso, é identificado, simultaneamente, como tambores, como ritual e como terno, desafiando a perspicácia de devotos e pesquisadores.

O teatro do sagrado se apoia numa concepção ideológica responsável pela projeção do congado como um sistema religioso híbrido e dialético, configurado no contexto colonial e pós-colonial, a partir de representações simbólicas e práticas culturais ligadas aos negros de origem banto e aos devotos do catolicismo português. O relacionamento entre esses aspectos ocorreu, e ainda se desdobra, de maneira tensa e contraditória, convertendo o congado em espelho dos processos de interação e conflito que marcam a sociedade brasileira. Do ponto de vista social, revela-se como uma experiência de comunidades menos favorecidas situadas em áreas rurais e periferias de centros urbanos. Como afirmam os devotos, trata-se de uma vivência religiosa de pobres, num ou noutro momento alterada pela participação de pessoas de classe média. Fato a considerar é a presença de intelectuais que, durante ou depois da realização dos trabalhos de pesquisa, se incorporam às comunidades por períodos contínuos ou intermitentes. Mas, relativizada a presença dos devotos flutuantes, confirma-se o predomínio de pessoas humildes, que fazem do sagrado um lugar múltiplo para construir sua identidade, dialogar com o divino e estabelecer a crítica das desigualdades sociais.

Do ponto de vista étnico, o congado é constituído por negros, mulatos e brancos, embora o consenso afirme a dominância dos primeiros: Nossa Senhora do Rosário é consagrada como protetora dos negros, e nos discursos de autorreferência os devotos se definem como "pretinhos do rosário". Mas é pertinente observar a formação particular das comunidades, já que é possível encontrar aquelas majoritariamente negras e outras com percentuais mais visíveis de mulatos e brancos. Nesse caso, o pertencimento à mesma faixa socioeconômica mobiliza laços de solidariedade no sagrado, ou seja, simbolicamente todos (negros, mulatos e brancos) são "pretinhos do rosário", na medida em que são também representantes das classes menos favorecidas. Além disso, os intercâmbios entre os grupos e a abertura para os casamentos fora das comunidades são fatos que merecem ser considerados, pois, a longo prazo, podem implicar mudanças no quadro de composição étnica do congado. A ausência de dados censitários dificulta a análise das representações que incidem sobre os devotos e dão margem a observações que se apoiam na opinião consensual, como: o congado é religião dos pobres, mas sem que tenham sido estabelecidos os sentidos de ser pobre nas áreas rurais e pobre nas cidades; e o congado é religião dos negros, embora não tenham sido discutidos os conflitos interétnicos que, por vezes, afetam as relações entre negros e mulatos.

Do ponto de vista da ortodoxia, o congado se articula a partir de matrizes que podem ser identificadas pelos símbolos da ingoma (o tambor ou o grupo de devotos) e do rosário. O primeiro designa as presenças de Zambi e Calunga, divindades do panteão banto, e a prestação de culto aos ancestrais, conhecidos também como "os antigos", que são identificados através de nomeações como *papai*, *mamãe*, *vovô*, *vovó*, *nego veio de Angola*, *Mãe Maria* etc. O segundo indica os vínculos com o catolicismo através da devoção aos santos (Nossa Senhora do Rosário, são Benedito, santa Efigênia e outros) e da observância dos preceitos eclesiásticos (adesão aos sacramentos, respeito à autoridade papal etc.).

O congado se desenha no entrelugar gerado pelas interações e pelos conflitos entre os diferentes aspectos étnicos, sociais e de ortodoxia que lhe dão vitalidade. Para se ter uma ideia, vale frisar que os devotos se consideram católicos, inserindo-se na área de influência da instituição eclesiástica; todos são *filhos do rosário* ou *vassalos*, qualificativos tomados em função do culto prestado a Nossa Senhora do Rosário. Essa autodefinição pode ser atribuída, por um lado, à necessidade de delinear uma identidade social que seja aceita pelos grupos dominantes (lembrem-se as atitudes que demonizaram as religiões afro-brasileiras e agrediram seus seguidores) e, por outro, à reivindicação do direito a uma história de negros cristianizados que os devotos atuais entendem como parte de sua herança (depara-se, muitas vezes, nas comunidades, com o discurso de valorização das práticas cristãs adotadas por "um dos antigos").

Simultaneamente ao modo de ser católico, os devotos cultivam o modo de ser apreendido das vivências religiosas africanas, como formas rituais, culto aos antepassados e processos específicos de iniciação, definindo-se, nesse caso, como *pretinhos do rosário* (isto é, são afeitos ao catolicismo, mas não abrem mão dos laços étnicos e culturais que os ligam às perspectivas religiosas ancestrais) ou *filhos de Zambi*, numa evidente alusão ao universo cultural negro-africano. De modo geral, os devotos são reservados quanto a essa autodefinição, preferindo manifestá-la no decorrer dos cantopoemas e das narrativas ou, então, no interior das próprias comunidades. Mais do que o receio pela reprovação de suas tradições no contexto exterior, essa atitude parece refletir o interesse em resguardar conhecimentos rituais significativos. A não divulgação de certa forma de saber representa sua restrição ao círculo de iniciados, no intuito de garantir a sobrevivência de valores considerados relevantes para a organização material e simbólica do grupo.

Um livro e seus embates sociais

A edição de *Afrografias da memória*, em 1997, de Leda Maria Martins, reencenou o debate acerca dos modos de aproximação entre o pesquisador e o pesquisado em comunidades tradicionais, e a necessidade de criar novos termos que dessem conta de realidades socioculturais específicas, articuladas segundo uma lógica de aceitação e recusa dos modelos sociais dominantes. Esses temas ocuparam outros estudiosos das práticas rituais do congado, particularmente em Minas Gerais, entre as décadas de 1980 e 1990.[31] Àquela altura, a proximidade das comemorações do centenário da abolição da escravatura mobilizava estudiosos em direção às comunidades de afrodescendentes situadas em áreas rurais e urbanas que, através das práticas do congado, exprimiam algumas das muitas tensões da sociedade brasileira, como o racismo velado nas relações entre brancos e negros, a luta pelo poder simbólico nos diálogos entre catolicismo oficial e catolicismo popular, o incipiente enfrentamento entre práticas religiosas populares e o neopentecostalismo, além do assédio às propriedades de famílias descendentes de quilombolas por parte de empreiteiras e outros agentes do mercado imobiliário.

Um dilema recorrente para os estudiosos que trabalham com a pesquisa de campo é a demarcação da esfera discursiva a ser privilegiada durante o processo de coleta de dados e da sua posterior análise. Nos primeiros tempos de organização da etnografia e da etnologia, prevaleceu a perspectiva autocentrada, que resultou na análise da cultura do outro como algo menor do que a cultura do investigador. A propósito disso, Basil Davidson, em seu livro *Os africanos: uma introdução à sua história cultural*,[32] cita o depoimento do capitão Richard Burton, apresentado em uma reunião da Sociedade Etnográfica de Londres, em 1861. Segundo o explorador britânico: "a religião dos Africanos é tão interessante para aqueles que têm uma fé mais amadurecida, como o estudo da infância é agradável para os mais avançados nos anos". Como se pode perceber, a perspectiva autocentrada de Burton leva-o a pensar a noção de religião de determinados grupos africanos como algo definido a priori, ou seja, como um saber delineado mais pelo modo como os europeus definem religião do que propriamente pelo modo como um sujeito africano vivencia o mesmo fenômeno.

No entanto, graças ao olhar autocrítico, desenvolvido por estudiosos dessas mesmas áreas, associado a uma postura semelhante na articulação da antropologia como ciência de análise de sistemas e práticas sociais multifacetadas, tem sido possível não só desconstruir a perspectiva autocentrada como também reconhecer a tensão que anima o debate entre os pontos de vista do pesquisador e do pesquisado. A esse propósito, é importante considerar, durante o processo de coleta e análise de dados, as tensões inerentes a uma abordagem antropológica que leva em conta o conhecimento produzido "desde dentro" da comunidade pesquisada e o conhecimento gerado "desde fora" por um sujeito que se dispõe a interpretar as práticas e os valores da comunidade investigada.

Em *Afrografias da memória* a estrutura textual demonstra que esse postulado — importante por conjugar diferentes vozes na produção de sentido para os fatos culturais — viabiliza a construção de um discurso analítico permeado pelas vivências do pesquisador e do pesquisado. Mais do que um somatório de vivências, o discurso que reconhece as especificidades do olhar "desde dentro" e do olhar "desde fora" se realiza como um discurso de embates dialéticos, através dos quais o saber se fundamenta como um intercâmbio sem hierarquização das experiências. Ou seja, privilegia-se, nesse enredo, a convivência entre sujeitos — o pesquisador e o pesquisado — como gerenciadores de conhecimentos, cujos sentidos se afirmam mediante a compreensão respeitosa dos valores que ambos possuem. Uma leitura atenta de *Afrografias da memória* revela que o conhecimento "desde dentro" pode ser sintetizado no discurso do capitão-mor João Lopes (o outro nome de Alcides André, também conhecido como o *Anganga muquiche*, isto é, como o sacerdote ou mestre de cerimônias sagradas) da Irmandade do Rosário do Jatobá, localidade situada em Belo Horizonte. Em novembro de 1993, ainda convalescendo de uma grave enfermidade, o capitão João Lopes dirigiu-se aos seus familiares, aos membros de sua irmandade e à professora Leda Maria Martins nos seguintes termos:

> É, meu povo, dessa vez pensei que a morte me levava. É...! Então pensei: muito pesquisador já me procurou, querendo que eu contasse a história do Reinado do Jatobá. E eu nunca quis. Essa história não está nos livros. Ela está na lembrança, no pensamento, na boca da gente. Mas agora que quase senti a minha hora e que os fundamentos estão modificando, eu quero contar.[33]

Numa perspectiva suplementar, em *Afrografias da memória*, o conhecimento "desde fora" decorre da prática investigativa da pesquisadora Leda Maria Martins. Ao realizar transcriações das vivências orais dos devotos do Rosário do Jatobá para o domínio da escrita e do livro, a autora evidencia duas questões práticas que interferem no modo de desenvolvimento de sua análise teórica.

A primeira questão demonstra que é fundamental analisar criticamente a transcriação do discurso oral para o discurso escrito, sobretudo quando esse processo está sob a responsabilidade de um sujeito que exercita sua percepção "desde fora" da comunidade. Nesse caso, a relação entre o pesquisador e a comunidade deve basear-se em laços de confiança mútua, fato que, muitas vezes, pode demorar um tempo indeterminado para se configurar. Uma vez selado esse vínculo de cooperação, Leda Maria Martins realizou, de maneira sutil, o percurso que permite ao sujeito humano, pensado aqui como um todo, afinar-se com um mundo que é, ao mesmo tempo, o seu e o do outro. Esse percurso, traçado por Leda Maria Martins, foi sintetizado por J. Guinsburg, coeditor da obra, nos seguintes termos:

> Para este reescrever, que é uma leitura de entrega e vigília, se, de um lado, num primeiro passo, deixa-se possuir pelas vozes do sortilégio e da exaltação anímica, de outro, e com inteira deliberação, distancia-se do encantamento, assumindo o lugar epistemológico de sua condição autoral que grava sapientemente, no tracejado dos caracteres, os ecos reverberados pelas estrias da memória no transcrito da rememoração.[34]

A segunda questão indica que é pertinente considerarmos a existência de uma lógica que orienta a transcriação da oralidade para a escrita. Nessa lógica, sobressaem aspectos como:

1. *a manutenção e a mudança de traços morfológicos na transcriação da oralidade para a escrita, a exemplo do que ocorre na sequência:*

> E nesse reinado, minha filha, nesse tempo de reinado, de seis anos até agora [...] já fiquei muitas horas sem comer, já dormi em pé de banana no reinado, já comi uma vez só por dia, teve dia de não comer nenhuma, acompanhando o reinado de N. S. do Rosário.[35]

Nesse depoimento, assim como em outros, fornecidos pelo capitão João Lopes em 1994 e transcriados pela pesquisadora, notamos a manutenção do cerne do discurso do devoto. Ou seja, a informação acerca das dificuldades vivenciadas pelo devoto sustenta-se na escrita tal qual no enunciado oral. Contudo, no processo de transcriação, percebemos que o registro escrito substituiu algumas formas do registro oral. Mais do que mudanças na forma, o que se observa, no tecido geral do discurso, é o apelo para outro fundo de representações de significado. Ou seja, uma vez transcriado, o discurso "desde dentro" da tradição oral adquire nuances que viabilizam sua maior aceitação no âmbito "desde fora", da tradição escrita ou, dizendo de modo ampliado, no âmbito da cultura escrita da academia, da escola e dos meios de comunicação. Para tanto, foram empregados os seguintes recursos:

a) a supressão de sequências do discurso oral (o uso de reticências entre parênteses implica a suspensão de determinado conteúdo que não mais participa do discurso em sua forma escrita, como ocorre na sequência "de seis anos até agora [...] já fiquei muitas horas sem comer");

b) a adequação das formas de infinitivo à norma da língua padrão, tal como na passagem "já comi uma vez só por dia, teve dia de não *comer* nenhuma";

c) a inserção de semivogais em vocábulos que, durante a expressão oral, demonstram a preferência dos devotos por uma forma tão econômica quanto eficaz no processo comunicativo; um exemplo é a mudança de "renado" (oralidade) para "reinado" (escrita), indicada no fragmento acima.

2. *a inserção de um conhecimento de domínio público no âmbito do copyright:*

Esse procedimento traz novamente à tona o debate acerca da precariedade dos mecanismos que garantem a autonomia do chamado patrimônio imaterial. Ou seja, o saber vivido das comunidades tradicionais, em muitos casos, está à mercê da lógica do mercado, sem a proteção das leis de direitos autorais que garantem a outros sujeitos geradores da cultura a segurança de usufruto de seu trabalho criativo. A cooperação entre as comunidades e os órgãos oficiais (apesar dos percalços que a fragilizam, seja por causa do excesso de burocracia, que entrava os processos de reconhecimento das práticas populares como bens imateriais; da instabilidade política nacional, que muda, às vezes repentinamente, os rumos das ações dos órgãos oficiais ligados à cultura; das dificuldades decorrentes das pesquisas de campo, que ora avançam, ora atrasam em função da carência de recursos humanos e/ou financeiros; e da natural complexidade ligada ao estabelecimento de laços entre as pessoas das comunidades e os/as pesquisadores/as) tem sido importante para traçarmos uma cartografia das epistemologias populares no Brasil e, ao mesmo tempo, criarmos bases para a realização de estudos comparados com a tessitura epistemológica das culturas populares em outras sociedades. Pode-se ver um exemplo dessa linha de ação na estrutura de um "seminário sobre resultados de projeto multinacional no Brasil" realizado pelo Instituto do Patrimônio Histórico e Artístico Nacional (Iphan), setor de Minas Gerais, em janeiro de 2017, em Belo Horizonte. Segundo o site oficial do órgão, a atividade estava integrada ao "projeto multinacional de Salvaguarda do Patrimônio Cultural Imaterial":

> Com o objetivo de contribuir para a salvaguarda do Patrimônio Cultural Imaterial afrodescendente na América Latina, o Instituto do Patrimônio Histórico e Artístico Nacional (Iphan) realizou de 2014 a 2016 três ações de identificação que contemplaram música, canto, dança e religiosidade de comunidades do congado nos

estados de Minas Gerais (Belo Horizonte, Contagem, Ibirité e Itapecerica) e São Paulo (Mogi das Cruzes).

O evento realizado pelo Departamento de Patrimônio Imaterial (DPI) e pela Superintendência do Iphan em Minas Gerais tem como objetivo reunir os detentores que participaram do projeto, fortalecendo o vínculo entre eles através da troca de suas experiências, memórias e saberes.

A iniciativa, que será apresentada em formato de ação devolutiva aos grupos que participaram do projeto, ocorrerá entre os dias 28 e 29 de janeiro na Superintendência do Iphan em Minas Gerais, e integra o projeto multinacional Salvaguardia del PCI relacionado a música, canto, danza de comunidades afrodescendentes en los países del CRESPIAL (Centro Regional para a Salvaguarda do Patrimônio Cultural Imaterial da América Latina). O evento, que não está relacionado ao processo de Registro das Congadas como Patrimônio Cultural do Brasil, contará com a presença da antropóloga colombiana Adriana Molano, diretora geral do Centro.

As três pesquisas brasileiras, todas realizadas por meio do Inventário Nacional de Referências Culturais (INRC): Os saberes do sagrado: Irmandades do Rosário e o registro patrimonial; Mapeamento e Resgate de Aspectos da Cultura Tradicional de Comunidades Afrodescendentes de Mogi das Cruzes e Memórias e cantos do Moçambique do Tonho Pretinho, produziram um conjunto de dados basilares sobre as Congadas.[36]

Considerando-se a vigência de iniciativas como a mencionada acima, espera-se que seja possível articular uma teia de relações a partir das quais os integrantes das comunidades tradicionais, a população em geral e os órgãos da administração pública (entendidos como forças sociais cujos interesses nem sempre coincidem) possam apreender as práticas culturais não hegemônicas como um viés epistemológico importante na constituição da sociedade brasileira. Dessa perspectiva, os integrantes das comunidades do congado e dos terreiros de santo, por exemplo, sobressaem como protagonistas de suas formas de vida e de pensamento, e se habilitam, como outros sujeitos, a participarem da teia de relações que envolvem seus bens culturais e os de outros grupos. Contudo, há que se levar em conta o caráter precário dessa teia de relações, sobretudo quando ela é tecida em sociedades — como a brasileira — acossadas por desigualdades de ordem social, política e econômica consideráveis. Não raro, essa precariedade tende a ressaltar a ingerência e o destaque de agentes privilegiados, quando do seu contato com as comunidades tradicionais.

Através de um exemplo citado por Alfredo Bosi — que se refere "à relação válida e fecunda entre o artista culto e a vida popular" —, recordamos as fraturas inerentes às experiências de contato entre os diversos modelos culturais e, ao mesmo tempo, vislumbramos algumas possibilidades que parecem — se não solucionar — pelo menos restringir o alcance dessas fraturas. Bosi observa que "[sem] um enraizamento profundo, sem uma empatia sincera e prolongada, o escritor, homem de cultura universitária, e pertencente à linguagem redutora dominante, se enredará nas malhas do preconceito [...]", caso tente interpretar os modos de vida e pensamento dos grupos populares.[37]

Se para o "artista culto" a solução apontada está no mergulho na ambiência cultural popular, há que se perguntar se a mesma lógica funciona para os sujeitos das culturas populares durante sua aproximação aos modos de vida dos grupos privilegiados. Não custa lembrar que as instâncias sociais forçam muitas pessoas das culturas populares a se "integrarem", como prestadoras de serviços, à ambiência cultural dos grupos privilegiados. Nessa condição, os sujeitos da cultura popular podem conviver de maneira prolongada nesses ambientes, mas, na condição de subalternos, dificilmente obtêm o reconhecimento do discurso que tecem a respeito deles e de seus integrantes. Por isso, salvo as situações de exceção, enquanto os agentes sociais privilegiados se sentem legitimados para validar ou não certas práticas populares, o mesmo não ocorre em relação aos agentes populares, quando se referem às práticas dos grupos mais favorecidos.

Em *Afrografias da memória*, Leda Maria Martins tangencia esse problema fornecendo um número considerável de informações a respeito da vida e da trajetória social dos sujeitos entrevistados. Dessa maneira, não há como não atribuir aos devotos da Irmandade de Nossa Senhora do Rosário do Jatobá o direito aos seus próprios discursos, uma vez que eles estão inscritos na materialidade de seus corpos e de seu território. Além disso, o protagonismo dos devotos se reforça na difusão de seus discursos através de imagens, livros, ensaios e artigos (frutos de uma convivência amorosa e prolongada entre a pesquisadora e a comunidade) que atravessam diferentes territórios. Ou seja, passo a passo articula-se uma troca epistemológica (não isenta de conflitos e tensões) entre o solo das comunidades tradicionais e os ambientes das instituiçoes de ensino (universidades e escolas de ensino médio e fundamental). Nesse intercâmbio, é cada vez mais significativa a presença de agentes das próprias comunidades, que dialogam com os pesquisadores, produzem os documentários sobre si mesmos, enviam os mais jovens aos cursos de graduação e pós-graduação nas instituições de ensino superior. Embora ainda não seja possível dimensionar de maneira objetiva o alcance desse processo, que ocorre em diversas áreas, dentro e fora do Brasil, o fato é que ele se desdobra em percursos críticos como o da obra *Afrografias da memória*: um percurso no qual o interesse mútuo, revelado no fragor do encontro entre os diferentes agentes sociais, serve como um estímulo para a construção de abordagens teóricas inclusivas, atentas à diversidade das epistemologias que formam o tecido da sociedade brasileira.

Novos termos para realidades socioculturais específicas

O universo simbólico das culturas afro-brasileiras articulou-se a partir das relações estabelecidas entre os africanos e seus descendentes com outros agentes sociais durante o regime escravista no Brasil e no período posterior à abolição da escravidão. No arco de tempo que inclui esse passado nem tão remoto e a contemporaneidade, as práticas culturais dos afrodescendentes brasileiros receberam diferentes e conflitantes interpretações. Por um lado, as elites desqualificaram-nas como práticas culturais, privando-as de historicidade e de significado social. Por outro lado, os africanos e seus descendentes contestaram esse processo, que tentou negar a pluralidade de sua história e de sua cultura. Contestaram, por extensão, a marginalização que o sistema escravista impôs ao corpus discursivo do sujeito negro, incluindo-se aqui as expressões verbais, visuais, sonoras e corporais. Embora mutilado e vigiado, esse corpus discursivo foi reconfigurado estética e ideologicamente como um território no qual homens e mulheres, negros e não negros, se reencontram para reescrever muitas das relações que constituem a sociedade brasileira.

Em *Afrografias da memória*, Leda Maria Martins considera a reapropriação do corpus discursivo verbal — em particular os cantos e as narrativas de preceito dos devotos do Rosário — como uma das estratégias que permitiu às negras e aos negros brasileiros ressignificar suas práticas culturais, ainda hoje perseguidas pela ordem social brasileira herdeira do escravismo. Por isso, ao abordar os depoimentos, os cantos e as narrativas dos praticantes do congado, a pesquisadora entrevê nesse corpus discursivo tanto um valor documental quanto um valor estético, fato que atribui a esse corpus um sentido literário específico. Para demonstrar a especificidade, que confere a esse corpus um sentido e uma forma diferentes daqueles consagrados pelo cânone literário brasileiro, Leda Maria Martins estabelece outra cartografia literária. Sua proposta consiste em criar uma nova terminologia para abordar a relação entre discurso e expressão articulada pelos devotos do Rosário. Para tanto, observa a autora:

> Aos atos de fala e de performance dos congadeiros denominei *oralitura*, matizando neste termo a singular inscrição do registro oral que, como *littera*, letra, grafa o sujeito no território narratário e enunciativo de uma nação, imprimindo, ainda, no neologismo, seu valor de *littura*, rasura da linguagem, alteração significante, constituinte da diferença e da alteridade dos sujeitos, da cultura e das representações simbólicas.[38]

No cerne do conceito de *oralitura* subjazem os movimentos históricos e culturais que os africanos e seus descendentes realizaram para se reinscreverem num território no qual não foram considerados como sujeitos. Ao mesmo tempo, através desse ato de reinscrição histórico-cultural, os sujeitos negros na diáspora rasuraram os discursos de opressão que os desqualificavam como seres humanos. Esse cenário, permeado por gestos de recusa, de aceitação e de transformação das matrizes culturais do oprimido e do opressor, sustenta-se graças à adoção, por parte dos afrodescendentes e, em alguns casos, por parte dos não afrodescendentes, de uma visão plástica do mundo e da sociedade. Ou seja, é por conta dessa visão que a relação entre destruição e reconstrução da cultura se mostra como uma dinâmica de vida, capaz de impelir o sujeito a recriar um sentido em que a violência atua para esvaziar a própria vida. Por isso, no dizer de Leda Maria Martins,

> À reterritorialização e à restituição de formas expressivas da tradição africana alia-se a reinterpretação, pelo negro, dos ícones religiosos cristãos, investidos em novas concepções semânticas. Nessa via de leitura, a devoção aos santos reveste-se de instigantes significados, pois as divindades cristãs tornam-se transmissoras da religiosidade africana, barrada pelo sistema escravocrata e pela interdição dos deuses africanos.[39]

Para nos atermos às restrições desse artigo, ressaltamos aqui a importância do conceito de *oralitura* para o mapeamento de práticas estéticas que, por razões diversas, não foram incorporadas ao cânone literário brasileiro. Ao apreender o processo de criação literária como parte da vida social, o conceito de *oralitura* reconhece novos agentes habilitados a estabelecerem o trânsito entre a textualidade útil e a textualidade estética e, além disso, amplia o território de criação-recepção do texto literário. Ou seja, não só o livro e o espaço legitimados pela academia e pela mídia se constituem como locais de vivência estética da palavra. O terreiro e a casa, a rua e o templo, bem como o devoto do congado, se convertem, respectivamente, em espaços e sujeitos de outra vivência literária que, entre outros aspectos, expressa as tensões étnicas da sociedade brasileira, os processos de elaboração da memória como patrimônio individual e coletivo e a proposição do diálogo entre canto/escrita/corpo/teatro para a formação de uma literatura performática.

Dessa breve viagem à prosa ensaísta de Leda Maria Martins herdamos, entre outras provocações, o chamado a uma maior aproximação entre as investigações teóricas propostas no âmbito acadêmico e as práticas culturais de comunidades que, pelas razões que expusemos anteriormente, permanecem, ainda no início deste século 21, relegadas à margem daquilo que convencionamos considerar como a sociedade brasileira. Esse chamado, que nos estimula a ultrapassarmos o mecanicismo dos sistemas institucionais de pesquisa (evidenciado, por exemplo, no acúmulo de bolsas e projetos que funcionam como esquemas de atribuição de prestígio aos sujeitos da vida acadêmica, ou o reconhecimento do trabalho de pesquisa a partir do número de textos investigativos publicados), se desdobra, também, numa atitude política que relaciona a investigação científica às demandas sociais. Uma das consequências desse diálogo — como demonstramos no trabalho da professora Leda Maria Martins — é a interação entre o pesquisador e as comunidades, entre o saber legitimado e as outras modalidades de saber nem sempre reconhecidas pela ordem social dominante. Ainda em decorrência desse diálogo, podemos perceber uma flexibilização do campo epistemológico, em geral, articulado e sustentado pelos sistemas institucionais.

Como evidenciou Leda Maria Martins, diante de uma realidade social complexa, como aquela observada por ela na convivência com os devotos do congado, há que se expandir os modos de percepção das práticas culturais, o que resulta, em certos casos, na proposição de novas terminologias teóricas. Tal foi o caso do conceito de *oralitura*, que, segundo a autora, se impôs em face da restrição que outros termos (como oralidade e literatura) demonstraram diante da performance vivida pelos devotos, simultaneamente, através do canto/da escrita/do corpo/do teatro. Há que se ressaltar a relevância de interpretações como as que têm sido propostas por Leda Maria Martins, uma vez que, considerando o conjunto de sua obra, não podemos deixar de afirmar que seu modo de analisar as heranças da afrodescendência demonstra o quanto elas ultrapassam as margens a que foram relegadas. Isso porque se constituem como um eixo fundante, entre outros, de uma lógica da diversidade que se expande dentro da cultura brasileira. As reflexões de Leda Maria Martins nos fornecem meios para pensarmos nossa existência pessoal e coletiva como parte de uma contínua negociação de sentidos e práticas, fato que se contrapõe aos sectarismos ideológicos e às imposições autoritárias que forjam, de cima para baixo, modelos para a sociedade brasileira.

Entre *Orfe(x)u* e *Exunouveau*: ou para uma estética de base afrodiaspórica

> *Exu é jogo, é signo, é estrutura.*
> Leda Maria Martins[1]

A TEORIA DA PRODUÇÃO TEXTUAL E A LINGUAGEM SAGRADA

A observação e a análise das práticas discursivas em comunidades devocionais como as famílias do congado ou dos terreiros de santo nos mostraram que a função ritual da linguagem sagrada está intimamente ligada às prescrições que regem sua própria articulação estética. Ou seja, para que um cantopoema do congado seja considerado bem-sucedido, ele deve atender a uma lógica formal e rítmica que, por sua vez, é ajustada para expressar uma gama de informações específicas. O cantopoeta precisa ter domínio sobre esses aspectos a fim de garantir a eficácia da linguagem sagrada. Essa adequação pode ser vista, por exemplo, durante uma caminhada, quando o cantopoeta do terno de moçambique opta por entoar uma loa. Essa modalidade poética é caracterizada por um ritmo lento e demorado que viabiliza a recuperação do histórico familiar e das ações rituais de uma comunidade. Porém, durante o encontro entre dois ou mais ternos, o cantopoeta se esmera nos cantopoemas curtos e rápidos que, tirados sob a forma de desafio, evidenciam um momento de tensão. Nesses momentos, tanto é possível reforçar os laços de solidariedade quanto explicitar as fissuras e as contendas entre os grupos devocionais.[2]

De certa maneira, esses e outros procedimentos atuam como prescrições para a composição e a aplicação do canto-poema, de modo a ressaltar o caráter sistematizado da poética do congado. Por outro lado, quando consideramos os modelos de teoria e produção textual da literatura canônica, notamos a carência de abordagens que contemplam a performance em linguagem sagrada, inserida num contexto ritual, como modalidade literária. Em geral, a teoria literária ainda exclui as modalidades literárias que se realizam fora do domínio da escrita e de um paideuma que, de tempos em tempos, acolhe uma ou outra obra sem, no entanto, desconfigurar suas fronteiras. Diante disso, a abordagem da linguagem sagrada, no âmbito das comunidades devocionais, permite-nos considerar três níveis de percepção para essa poética.

1. *o sentido antropológico*, que demonstra como a tríade linguagem sagrada/linguagem corporal/linguagem do espaço ritual configura o caráter utilitário de uma poética apta a funcionar como instrumento para construir e manter as pontes de ligação entre a imanência e a transcendência. Entre as várias obras que registram esse sentido, podemos citar *Os nagô e a morte: Pade, Asèsè e o culto Egun na Bahia* (1976), de Juana Elbein dos Santos; *Cantos sagrados do Xangô do Recife* (1993), de José Jorge de Carvalho; *Afrografias da memória: o reinado do Rosário no Jatobá* (1997), de Leda Maria Martins; *Negras raízes mineiras: os Arturos* (2000), de Núbia P. M. Gomes e Edimilson de A. Pereira;

2. *o sentido poético 1*, que enfatiza a fatura da linguagem sagrada levada a cabo pelo devoto, que, durante o ritual, se apresenta como o criador de uma experiência ética e estética

específica. Tal perspectiva perpassa obras como *Canti degli aborigeni australiani* (1999), de Graziella Englaro; *Des hommes et des bêtes: chants de chasseurs mandingues* (2000), de Jean Derive e Gérard Dumestre; *Textos e tribos: poéticas extraocidentais nos trópicos brasileiros* (1993), de Antonio Risério; *A saliva da fala: notas sobre a poética banto-católica no Brasil* (2017), de Edimilson de A. Pereira; *Cantos e histórias do gavião-espírito* (2010) e *Cantos e histórias do morcego-espírito e do hemex* (2009), com organização de Rosângela Pereira de Tugny;

3. *o sentido poético 2*, que evidencia a recriação da linguagem sagrada por um sujeito que conhece a comunidade de devotos, relaciona-se com ela, embora tenha como lugar de fatura de sua poética outro lugar, situado fora da comunidade. Essa vertente pode ser observada em coletâneas como *Orixás* (1995), de Oliveira Silveira; *Livro de falas* (2008), de Edimilson de A. Pereira; *A roda do mundo* (1996), de Ricardo Aleixo e Edimilson de A. Pereira; *Roça barroca* (2011), de Josely Vianna Baptista; *Livro de orikis* (2015), de Cláudio Daniel.

Como é possível notar, a relação da linguagem sagrada com a teoria literária ocorre num terreno em que a atração e a recusa, manifestadas por ambas as partes, propiciam a eclosão desse fato que chamamos de tensão "enraizerrante".[3] Dessa tensão, podemos apreender certos aspectos da experiência poética como um fenômeno de diluição que se concretiza momentaneamente no verbo, no som, na imagem ou no corpo. Ao mesmo tempo, esse fenômeno de concretização se dilui no verbo, no som, na imagem ou no corpo que apenas tangenciam os sentidos passíveis de serem atribuídos ao mundo. Esse dilema do processo de criação é outra maneira de ressaltarmos a tensão "enraizerrante", que confere à experiência poética a possibilidade de dizer-nos que aquilo que nos fixa no tempo e no espaço, na vida pessoal e coletiva só o faz porque se move e transfigura continuamente. No que se refere à tradição dos orikis, reiteramos sua aderência à tensão "enraizerrante", que, em outros termos, pode ser traduzida pela maneira como Chinua Achebe apreende o conceito de tradição. Segundo o escritor nigeriano, "devemos falar da tradição não como uma necessidade absoluta e inalterável, mas como uma metade de uma dialética em evolução — sendo a outra parte o imperativo da mudança".[4]

É através do jogo desenhado pela permanência e pela mudança e/ou pelo enraizamento e pela errância que o oriki se firma como uma poética de manutenção de valores e, simultaneamente, como uma poética renovadora de valores. Daí, a pertinência da análise elaborada pelo poeta e antropólogo Antonio Risério sobre os orikis, mostrando-nos, entre outras possibilidades, que o oriki é "uma poética capaz de alimentar de algum modo a produção contemporânea" não se restringindo, portanto, a "uma relíquia salva de um escombro".[5] A partir da lente da tensão "enraizerrante", acredito que outras poéticas relegadas pelo cânone literário brasileiro podem, à maneira dos orikis, nutrir a experiência poética contemporânea. Refiro-me à poética dos cantopoemas (no congado), dos vissungos (cantos de trabalho na mineração), das loas de jongo e dos pontos da umbanda. Trata-se de poéticas que, sem afastar-se da práxis ritual, insuflam no sujeito da criação poética, fora do ambiente ritual, o desejo pela redescoberta do sentido onde ele, aparentemente, se mostra inatingível.

O EIXO IORUBÁ DA EPISTEMOLOGIA AFRODIASPÓRICA

Para uma melhor compreensão da estética literária derivada da simbologia de Exu, levaremos em conta o modo como algumas investigações antropológicas realizadas no campo das religiões afro-brasileiras têm sido reapropriadas por alguns autores e algumas autoras que, ao organizarem suas obras a partir do diálogo com as áreas das ciências sociais, contribuem para a ampliação do patrimônio estético da literatura brasileira. As razões que motivam esses autores e essas autoras são de ordens diferenciadas: enquanto, para alguns, a presença dessa referência cultural serve de base para a formulação de uma poética politicamente engajada, para outros ela constitui um território de signos que transcendem a história e a herança étnica para funcionar como um princípio de experimentação estética. Leve-se em conta que essa distinção constitui um parâmetro de interpretação, quando se trata de destacar uma maior relação do poético com os eventos sociais ou do poético com suas próprias tramas discursivas. No entanto, não é raro encontrar a junção desses aspectos em obras poéticas tecidas com o rigor que reivindica a liberdade de experimentação como uma das condições fundamentais para o reconhecimento do valor político-social da poesia.[6]

Antes de analisarmos o diálogo entre a criação poética e a investigação antropológica, consideramos relevante frisar que a complexidade do campo religioso afro-brasileiro constitui um desafio natural quando se trata de comparar as relações que se desdobraram a partir das interpretações que os poetas e os antropólogos estabeleceram para esse mesmo campo. Apenas para situar a extensão desse tema, há que se avaliar os obstáculos antepostos a quem deseja delinear os contornos das religiões afro-brasileiras no contexto mais amplo do chamado campo religioso brasileiro. A esse propósito os antropólogos Rita Amaral e Vagner Gonçalves da Silva observam que a expressão "religiões afro-brasileiras" é de difícil definição a partir mesmo dos radicais que a compõem, pois nenhum dos dois expressa totalidades sendo, antes, resultado de leituras particulares do que seja "africano" e do que seja "brasileiro" e, ainda, do que seja a união entre os dois, uma vez que se refere às contribuições específicas de certos grupos de origem africana e brasileira, denotando a complexidade dos fenômenos aos quais se aplica este termo no Brasil.[7]

Embora não seja o assunto desse trabalho, o conceito de campo religioso é importante para que se entenda a maneira como determinados agentes (sacerdotes, profetas, xamãs, benzedores, por exemplo) atuam na construção, na reprodução e na transformação de discursos ligados à experiência com o sagrado. O conceito de campo religioso articulado por Pierre Bourdieu associa-se, como todo conceito, a um tempo e a um espaço de produção; a esse respeito, Serafim e Andrade salientam que Bourdieu, ao tomar os fatos religiosos como objeto de análise, "expõe a dificuldade em fazê-lo fora do viés marxista, weberiano ou durkheimiano, 'para sair de um ou de outro dos círculos mágicos sem cair simplesmente num outro ou sem se condenar a ficar pulando de um para outro'".[8] Se se considera que a análise sociológica, embora partindo dos fatos empíricos, resulta na construção de modelos para a compreensão da realidade, será oportuno observar que a abordagem estritamente científica do fato religioso, segundo Bourdieu, restringe a possibilidade de compreender esse mesmo fato à luz dos múltiplos sistemas de valores que o sustentam. Exemplo disso é que, na perspectiva de Bourdieu, "a noção de corpo de sacerdotes está intrinsecamente ligada à noção de intelectual no sentido mais racionalista possível, ligado a discurso e escrita, tornando difícil sua utilização em grupos pautados na tradição oral".[9] Assim sendo, o conceito de corpo de lideranças religiosas que emana de práticas como o congado ou os ritos populares de cura através da palavra (benzeções) não encontra respaldo na organicidade do corpo de sacerdotes proposto por Bourdieu. Isso equivale a dizer que parte considerável das lideranças religiosas, em larga medida, vinculadas à oralidade e à transmissão do saber através do empirismo deve nos levar à percepção de variados esquemas de funcionamento da vida religiosa.

Guardadas as devidas proporções, e levando-se em conta a crítica ao conceito de *campo religioso*, propomos o rascunho de uma análise que aproximará algumas relações tecidas no campo religioso àquelas que desenham um cenário do que poderíamos chamar de *campo poético*. Em se tratando de um sistema de relações, o campo poético, à semelhança do religioso, explicita-se como um território de tensões no qual emergem agentes de dominância — a exemplo dos poetas laureados ou dos críticos oficiais — e, também, agentes de contestação, a exemplo dos poetas malditos. Nesse campo de agentes, em geral, hábeis no manuseio de seu instrumento-mor, ou seja, a linguagem, não raro as alianças e as confrontações se estabelecem como faces de uma mesma moeda. Os agentes que atuam no campo poético, além de poderem trabalhar os objetos do sagrado, veem-se instigados a converter o poético — elemento de controversa definição, em virtude de suas múltiplas formas — em força estruturante de relações estéticas, em estado de concorrência com outros campos, como o religioso, o político e o econômico. Obviamente esses campos são, em algum momento, atravessados uns pelos outros, constituindo cenários híbridos, acionados por negociações que sustentam cada um deles e todos, simultaneamente.

Uma breve análise das relações que norteiam os contatos entre os campos poético e religioso revela a importância atribuída pelos herdeiros da religião dos orixás à poesia como fator de consolidação e mudança de valores sociais, bem como de expressão de vivências pessoais e reações emotivas diante das divindades.[10] Tal fato demonstra como os grupos sociais, levando em conta suas especificidades, vivem seus processos de escolha e estabelecem, a partir deles, sua escala de valores. Se a poesia, em determinados períodos, ocupou lugar central em comunidades cujo vínculo entre o natural e o sobrenatural ocorria através do acesso à palavra dos deuses e se, em outros períodos, esse lugar passou a ser monopolizado pela religião, pela política ou pela economia, há que se considerar a ingerência de forças sociais concretas — que atuam nas instituições de ensino, nos organismos de administração etc. — capazes de promover essa transformação. Portanto, o fato de a poesia, sobretudo a poesia moderna, isolar-se ou ter sido isolada da vida cotidiana, afastar-se ou ter sido afastada do público, enraíza-se na própria crise da sociedade moderna, que, entre outros aspectos, acentuou os processos de ruptura das identidades individuais e coletivas e relativizou os paradigmas estéticos.

Se é difícil obter uma análise mais ou menos consensual sobre a relevância da poesia canônica na sociedade moderna, imagine-se os obstáculos impostos à abordagem das demais formas de expressão poética nesse mesmo contexto. Mas eis que a aspereza do desafio é índice da flor poética a ser contemplada: por isso, ao abordar o diálogo entre a criação poética e a investigação antropológica, detivemo-nos numa fração pouco explorada do campo poético brasileiro, ou seja, aquela vinculada às matrizes estéticas de extração iorubá. O antropólogo José Jorge de Carvalho, no livro *Cantos sagrados do Xangô do Recife* (1993) e em diversos artigos,[11] e o poeta e antropólogo Antonio Risério, em duas obras (*Textos e tribos*, 1993, e *Oriki Orixá*, 1996), têm sido, até o momento, alguns dos observadores mais atentos das relações entre a poesia de matriz iorubá e as vertentes poéticas da literatura brasileira.

As argumentações de Risério levam a crer que a apropriação criativa da estética e da semântica do patrimônio oral iorubá, por parte de autores e autoras da literatura contemporânea, ainda é tímida em vista da profundidade e da extensão desse campo poético. Numa tentativa pontual de estender as interpretações do autor de *Textos e tribos*, selecionamos no campo religioso brasileiro um acervo discursivo formado por textos sagrados que, por sua vez, fundamentam uma ordem social na qual se destacam os sujeitos relacionados ao candomblé na condição de devotos, simpatizantes ou investigadores à procura de novas esferas de linguagem. Esse acervo, que nutre um corpo social vigoroso, afirma-se também como uma referência estética a ser reelaborada por diferentes sujeitos vinculados ou não à religião dos orixás. A partir de um recorte epistemológico (que considera nesse acervo sua potência de criação e recriação de experiências estéticas), a presente análise tomará como referência uma série de discursos (orikis e poemas) elaborados a respeito de Exu, a entidade-moto-contínuo que reinterpreta continuamente as fronteiras de si mesmo e das normas sociais.

O QUE SE DIZ E COMO SE DIZ SOBRE O INDIZÍVEL

A manutenção de diferentes casas de santo, em várias regiões do Brasil, nos mostra o interesse de devotos, artistas e cientistas sociais pelos relatos que reapresentam, na vida cotidiana, os atributos e as ações dos orixás. A estreita relação entre as práticas sociais (imanência) e a interação com o sagrado (transcendência) evidencia que as narrativas míticas dos orixás interferem na visão de mundo, no modo de ser e nas funções que os indivíduos desempenham em suas comunidades. Muitas obras de arte e análises teóricas sobre a religião dos orixás destacam o fato de os atributos das divindades se reduplicarem na individualidade de filhos e filhas de santo; ou, de outro modo, o que se vê nas narrativas e nos orikis é a explicitação do princípio de "que cada 'cabeça' é feita da mesma substância dos deuses".[12] A implicação imediata desse princípio é, segundo Claude Lépine, o fato de os seres humanos herdarem e reproduzirem o temperamento da divindade à qual foram consagrados.[13]

A convivência estreita entre os orixás e os devotos, estabelecida como um vínculo imanente e transcendente, explicita duas acepções marcantes: uma no domínio psicológico, que proporciona "aos fiéis [...] modelos da personalidade e padrões de comportamento condizentes" com o orixá de sua cabeça; e outra, no domínio estético, que demanda uma elaboração discursiva capaz de justificar esse vínculo entre seres humanos e divindades. Uma consequência dessa última acepção é o caráter autorreferencial dos discursos sagrados, representados nas formas das narrativas e dos orikis. Através deles fala-se sobre o mistério que, embora capturado momentaneamente na linguagem, permanece velado e inacessível. De outro modo, fala-se do indizível para demonstrar sua presença na vida social sem que haja a necessidade de desconfigurar a estrutura do indizível. Por isso, muitos orikis e narrativas que revelam os atributos de Exu estão, de algum modo, contribuindo para que não consigamos apreender de maneira total e definitiva a densidade de Exu. O mesmo vale para os demais orixás, razão pela qual a vivência do sagrado — e, por desdobramento, a práxis artística derivada dessa epistemologia — no domínio das casas de santo (e, ressalvamos, trata-se aqui de uma generalização) se articule como a partir de uma epistemologia da colaboração e da partilha. Ou seja, o orixá que assume o *orí* ou a cabeça do devoto colabora para a multiplicação e a partilha psicossocial de ambos: são muitos os filhos e as filhas de cada orixá, embora cada um se reconheça como particularidade na vivência dos fundamentos da religião dos orixás. Em se tratando das narrativas e dos orikis, que exprimem esses pressupostos, pode-se falar em elaborações discursivas articuladas sob a perspectiva da *mise en abyme*, uma vez que, a partir do enunciado que identificamos de imediato, outros se desdobram, de maneira interdependente.

No acervo literário referente aos orixás, a presença de Exu é determinante para compreendermos a lógica da destruição e da reconstrução que sustenta a cosmogonia iorubá. Recordamos que uma das narrativas sagradas revela que o mundo surgiu do regurgito de Exu.[14] Essa narrativa mostra que o mundo adquire um novo significado após sua destruição, já que, graças ao acordo estabelecido entre Orumilá e seu filho Exu, este se torna responsável por restituir tudo e todos que ele devorou. Ao fazê-lo, Exu procede à reinauguração do mundo e de tudo e de todos que nele existem.[15] Como ressalta Juana Elbein dos Santos, as narrativas explicam como Exu "se reproduziu e diversificou no mundo inteiro", razão pela qual "cada indivíduo está constituído, acompanhado por seu Èsù individual, elemento que permitiu seu nascimento, desenvolvimento ulterior e multiplicação [...]".[16] A integração da entidade Exu à vida pessoal e à vida social, segundo Liana M. Salvia Trindade, decorre do fato de

> ser ela considerada uma das mais significativas do panteão africano e de conter, nela mesma, o princípio, segundo a concepção africana, da dinâmica social e da personalidade.
>
> O discurso africano forneceria a linguagem que interpreta as mudanças e contradições da sociedade brasileira contemporânea e os conflitos sociais dos seus membros.
>
> Exu é a expressão de um simbolismo, cujo sentido se encontra não apenas na estrutura do imaginário, como na do real. Expressa

simbolicamente as incertezas humanas frente aos debates com as condições sociais estabelecidas, a afirmação de liberdade e autonomia do ser humano frente às imposições naturais e sociais.[17]

A partir dos atributos de Exu pode-se apreender a lógica da mudança e da permanência que sustenta o processo discursivo iorubá, já que para cada orixá tem-se uma constelação de narrativas e orikis que, não obstante suas variações (mudança), nos remete com frequência a determinados traços, responsáveis pelo caráter específico de cada orixá (permanência). No que concerne a Exu, os registros etnográficos e antropológicos flagram os atributos que nele se repetem para, no fundo, serem percebidos como transformações. Um exemplo são os inúmeros nomes utilizados para referir-se a ele, demonstrando que no mesmo nome/entidade reside a diferença/do outro. Pierre Verger comenta que na Bahia algumas pessoas mencionam a existência de 21 Exus, outras, apenas sete. Ainda de acordo com Verger,

> [alguns] dos seus nomes podem passar por apelidos, outros parecem ser letras dos cânticos ou fórmulas de louvores. Eis alguns: Exu-Elegbá, ou Exu-Elegbará e seus possíveis derivados: Exu-Bará ou Exu-Ibará, Exu-Alaketo, Exu-Laalu, Exu-Jelu, Exu-Akessan, Exu-Loná, Exu-Agbô, Exu-Larôye, Exu-Inan, Exu-Odara, Exu-Tiriri.[18]

Por conta disso, tem-se uma elástica teia discursiva que o apreende sem lograr, contudo, prendê-lo num único território de significação. Através dos registros realizados por alguns pesquisadores pensamos que é possível fazer um esboço da prática ritual (devotos) e da prática intelectual (pesquisador) que encontram meios para dizer quem é Exu, embora sabendo de sua rebeldia contra toda forma de aprisionamento. Dizer, portanto, quem é Exu se afigura como um recurso de linguagem que, de fato, se entende como uma afirmação da impossibilidade de capturar e revelar essa potência do sagrado.

Por isso, a tensão que constitui o núcleo dos significados atribuídos a Exu corrobora uma visão epistemológica de mundo, segundo a qual o aspecto mais relevante é a dinâmica dos acontecimentos e a probabilidade de estes serem continuamente reinterpretados. Um exemplo dessa prerrogativa atribuída a Exu pode ser encontrado na narrativa em que o juramento de amizade entre dois irmãos é transfigurado por Exu.[19] Este cruza entre os irmãos com um chapéu branco de um lado e vermelho do outro. Os irmãos dizem um ao outro o que viram e, sem chegarem a um acordo, acabam por se render ao conflito. O fundamento dessa narrativa demonstra que as relações pessoais e, por extensão, as sociais se estabelecem como cooperação e/ou como embate, dependendo das perspectivas que adotarmos em nossa prática de interpretação do mundo.[20]

Diante disso, as abordagens que os estudiosos fazem do "senhor dos caminhos" resulta numa teia de perspectivas históricas e psicológicas, a partir da qual cada sujeito inaugura (na vivência ritual ou na vivência literária) sua maneira de estar-no-mundo. Para Edison Carneiro, "Êxu não é um orixá — é um criado dos orixás e um intermediário entre os homens e os orixás".[21] Para Arthur Ramos, Exu é um "orixá poderoso. [...]. Exu é também chamado Bará, Elegbará e Leba, nomes de origens daomeianas [...]. É também chamado, na Bahia, 'o homem das encruzilhadas' [...]".[22] Segundo Pierre Verger,

> Exu é um orixá ou um *ebora* de múltiplos e contraditórios aspectos, o que torna difícil defini-lo de maneira coerente. De caráter irascível, ele gosta de suscitar dissensões e disputas, de provocar acidentes e calamidades públicas e privadas. [...] Entretanto, Exu

possui o seu lado bom e, se ele é tratado com consideração, reage favoravelmente, mostrando-se serviçal e prestativo.[23]

Para Juana Elbein dos Santos, Exu "se identifica com seu papel de filho. Como tal representa o passado, o presente e o futuro, sem nenhuma contradição. Ele é o processo da vida de cada ser. É o Ancião, o Adulto, o Adolescente e a Criança. É o primeiro nascido e o último a nascer".[24] No dizer de José Jorge de Carvalho, Exu é o "elemento de ligação entre as divindades e os homens, clássico arquétipo do *trickster*, simultaneamente amigo e inimigo dos homens e dos deuses, a um tempo mais próximo do mundo terreno e mais perto do elevadíssimo espaço celeste [...]".[25] Para Monique Augras, "[a] rigor, Exu não é orixá, mas sim a personificação do princípio da transformação. Participa de tudo o que existe".[26] Segundo Antonio Risério, Exu tem "a inocência da criança e a licença do ancião em suas rupturas da norma estabelecida. Induz ao erro e à maravilha. Rei da astúcia, soberano dos ardis, senhor das armadilhas".[27]

Os comentários acerca de Exu revelam que as tentativas de defini-lo objetivamente se deparam com uma lógica segundo a qual o mesmo é a diferença. Ou seja, Exu reivindica para si — e representa para quem o contacta — uma identidade que para ser desenhada depende da manifestação das alteridades. Como recorda Pierre Verger, Exu, quando se exprime, ao mesmo tempo "é também chamado" de alguma outra forma: por ser "o processo da vida de cada ser" não há como reter num único signo as pluralidades de signos que Exu é. Em cada personae de Exu residem outras personae, do mesmo modo que em cada narrativa a seu respeito subsistem outras invocações temáticas.

As referências textuais a Exu colocam em xeque o ordenamento cartesiano que fundamenta certos pressupostos aos quais fomos habituados em nossa trajetória de formação pessoal no âmbito da família, das instituições de ensino etc. Talvez o mais denso desses pressupostos seja o que relaciona o sentido que conferimos ao mundo à lógica de sucessão dos fatos. Isso implica dizer que, sem a noção de um antes e de um depois, muitos de nós nos sentiríamos tragados pela fúria de um redemoinho. A julgar pelas proposições de sentido que Exu elabora para os fatos, nota-se que é justamente nos movimentos previsíveis/imprevisíveis do redemoinho que se tornam disponíveis os sentidos a serem atribuídos ao mundo. Essa lógica se explicita, por exemplo, no relato em que Orumilá saiu à procura de Exu para que ele devolvesse tudo o que havia devorado. Ao encontrá-lo, o pai o retalhou em duzentos e um pedaços.[28] O ducentésimo primeiro pedaço escapou e se reconstituiu como Exu, aquele que tem o número 1 para ser acrescentado a todo e qualquer elemento. Exu, por ser o princípio dinâmico de todas as coisas, reinaugura nossa percepção do antes (o nascer) que é sucedido pelo depois (o morrer); em sua performance, Exu é aquele que em sua morte (o depois) encontra sua projeção de vida (o antes).

Esse princípio de percepção de outra ordem, gerada não pela sequência linear do tempo, mas pela sua ruptura, se explicita na descrição das ações de Exu, aquele que "matou um pássaro ontem, com uma pedra que somente hoje atirou".[29] Antonio Risério, na transcrição de um oriki de Exu, anota que ele "Atirando uma pedra hoje,/ Mata um pássaro ontem".[30] Por sua vez, ao analisar a presença de Exu na poética de Aimé Césaire, Lilian Pestre de Almeida observa que "Fidèle à son rôle de médiateur, Eshou est source de changement, de dialectisation:

> Eshou! La pierre qu'il a lancé hier
> C'est aujourd'hui qu'elle tue l'oiseau.
> Du désordre il fait l'ordre, de l'ordre le désordre!
> Ah! Eshou est un mauvais plaisant."[31]

A esse jogo de palavras, semelhante ao cultismo barroco, subjaz uma teia de significados construída através do entrelaçamento de valores contraditórios, à maneira do conceptismo ou dos jogos de conceitos presentes também do Barroco. O que se pretende dizer, portanto, não se revela exatamente por meio do que as palavras revelam, mas do que elas ocultam. O interlocutor desse discurso, antes de julgá-lo incoerente ou sem pertinência, é chamado a ampliar seus horizontes de trato com o processo de produção de sentidos. Em outras palavras, ao mesmo tempo que se contrapõe à epistemologia cristã, dialoga com ela, nutrindo uma complexa rede de convivência entre práticas culturais diferentes entre si. É no instante de hesitação entre a apreensão de uma ou outra formação epistemológica que Exu se exprime como o motor que faz a máquina da comunicabilidade movimentar-se em diferentes direções, simultaneamente. Por isso, a pedra atirada — ontem ou hoje —, a depender da habilidade do sujeito para gerar discurso e ação, poderá atingir seu alvo agora, ontem ou amanhã: não há, enfim, nonsense mas probabilidades na construção do sentido.

O que apuramos acerca da epistemologia de base iorubá nos permite dizer que na companhia de Exu aprendemos a vivenciar a particularidade que é, ao mesmo tempo, inserção na coletividade e vice-versa. Além disso, no aparente desconforto da aporia reside a vitalidade de Exu e a provocação que ele nos dirige para atentarmos ao fato de que a reinauguração do mundo material e transcendental é uma realidade diária, impressa nos pequenos e nos grandes eventos de nossas vidas. A tradução dessa lógica em práticas culturais de caráter coletivo demonstra que elas são regidas por relações distópicas que, em vez de expressarem o mundo como desordem, representam-no como instância de negociações contínuas. Sendo assim, o amor/o ódio, a miséria/a opulência, a paz/a guerra, enfim, o que somos, o que possuímos e o que classificamos como pares opositivos, podem ser apreendidos, segundo a epistemologia afrodiaspórica/via Exu como aspectos concluídos em sua inconclusão. Por isso, o sujeito e o campo estético que se beneficiam desse logos em fresta se tornam referências de uma visão de mundo e de uma proposta de criação artística que fazem da condição *in progress* a condição fundante dos seus significados.

Dito de outra maneira — para pensarmos as relações históricas em que a sujeição à luta pela autonomia marcou a trajetória do sujeito afrodiaspórico — podemos considerar que o enraizamento e a definição de uma identidade cultural se configuram menos como um horizonte claro e mais como um ponto obscuro, que nos desafia a perceber na opacidade o que há de escorregadio e mutável, algo como um espelho de alteridades que atribua sentido às experiências de desenraizamento cultural e de recusa da máscara da identidade única. Daí, a pertinência dos modos de pensar/agir via Exu que para ser o que é tem que se transformar, no ato desse enunciado, em outro — que será outro tão logo esse enunciado seja intuído e assim continuamente.

Os discursos que tratam de Exu — cerzidos pelos devotos com ênfase na variabilidade da palavra enunciada oralmente nos orikis e nas narrativas sagradas — têm convivido com as transcriações desses discursos realizadas pelos estudiosos do tema. Utilizamos aqui o conceito de transcriação na perspectiva de Haroldo de Campos, que o relaciona à prática da tradução. Segundo o autor de *Galáxias*, há que se pensar a "[tradução] como transcriação e transculturação, já que não só o texto, mas a série cultural (o 'extratexto' de Lotman) se transtextualizam no imbricar-se subitâneo de tempos e espaços literários diversos".[32] A maior parte das transcriações dos discursos sobre Exu aparece em textos acadêmicos (teses, dissertações, ensaios e artigos) nos quais a tradução se preocupa em trazer para o novo código os conteúdos tecidos, originalmente, em iorubá. Tem-se, então, em português, por exemplo, as informações sobre os atributos de Exu e as séries de suas peripécias no mundo dos deuses e no mundo dos homens. Não há uma intenção, nas traduções citadas, de apreender os recursos estéticos da língua original e, por conseguinte, a tentativa de encontrar na língua para a qual foram traduzidos os orikis e as narrativas iorubás elementos que possam exprimi-los também como experiências estéticas.

Nessa modalidade de *transcriação*, que chamaremos de *restrita ou funcional*, a instabilidade criativa da palavra oral — que é, ao mesmo tempo, índice de exposição e ocultamento do enunciado — é restringida às áreas de instabilidade sob controle, propiciadas pelas normas que regem o uso da palavra escrita. No que diz respeito aos profissionais das ciências sociais, o trato com os discursos sobre Exu espelha, a princípio, a preocupação em extrair deles elementos que permitam compreender as relações da ordem social que as gerou. Ao longo do tempo, essa prática foi retratada, por um lado, pela etnografia clássica, na qual o pressuposto da autoridade e da legitimidade do discurso do etnógrafo, adquiridas através da formação acadêmica, da experiência no campo e do contato com o outro, garantiria a autenticidade das informações divulgadas. Por outro lado, uma vertente como a da antropologia interpretativa demonstra que a cultura, para além de suas heranças materiais, constitui-se como uma rede de significados que, por sua vez, é resultado de uma construção partilhada pelos sujeitos em determinado ambiente social. Sob esse aspecto, a cultura e, em particular, os discursos sobre Exu se caracterizam por ser um processo no qual os eventos, embora possuam estruturas recorrentes, se realizam também como fronteiras abertas ou locais de negociações.

Em termos gerais, a etnografia clássica e a antropologia interpretativa fornecem elementos para pensarmos sobre os procedimentos que algumas vozes poéticas têm assumido no trato com o acervo discursivo sobre Exu. Num breve paralelo, pode--se considerar que assim como a etnografia clássica centrou-se no sujeito da escrita — o etnógrafo — para autorizar a narrativa sobre o tema investigado, alguns poetas têm assumido postura semelhante ao visitar a casa textual de Exu. Para esse etnógrafo e para esse poeta, tomados aqui como modelos sociológicos, antes de falar o objeto observado fala o observador, que decide quando e como o objeto observado terá voz no discurso. Por seu turno, se a antropologia interpretativa entendeu que a "interpretação da cultura se faz por meio da busca de seus significados num reino onde as leis, se existentes, são sempre provisórias e relativas", isso significa dizer que o observador deve estar atento ao dinamismo do fato observado tanto quanto às restrições do seu próprio ponto de vista.[33] A essa perspectiva, correspondem, no âmbito de literatura, os poetas que não se limitam a reduplicar as narrativas de Exu, mas se desdobram para pensá-lo como um princípio estético, gerador da diferença como parte de si mesmo e do outro.

Para esses poetas a transcriação não se atém ao caráter funcional que considera o aspecto denotativo da linguagem como fator suficiente para que tenhamos uma compreensão das relações mediadas por Exu. Entendemos que tal modalidade de transcriação é fundamental para uma aproximação ao universo afrodiaspórico, mas que deve, por isso mesmo, ser considerada como parte de uma ponte mais extensa a ser erguida entre as epistemologias de base iorubá e de base ocidental, que radicaram no território brasileiro. Porém, a existência do eixo previsibilidade/imprevisibilidade que rege as narrativas e os orikis sobre Exu abre espaço para outra modalidade de *transcriação*, que chamaremos de *abrangente ou criativa*. Essa modalidade, entre outras questões, interage com o acervo literário iorubá, em geral, com os discursos sobre Exu, em particular. Essa modalidade estimula também o debate em torno das relações que podem ser estabelecidas entre as funções estética e ritual dos textos míticos, bem como a intervenção do texto ritual no contexto das práticas literárias contemporâneas e a mudança de paradigmas na recepção desse acervo textual. Além disso, a fatura formal do texto original, os seus recursos de ritmo são considerados no texto traduzido. A tradução é também reinvenção de um novo texto em outra língua, embora mantendo estreitas relações culturais com o original. Essas relações são garantidas pela moldura sociocultural que transita para o texto traduzido mediante inferências apresentadas ao leitor, mais do que referências diretas e objetivas.

Antonio Risério discute a problemática da transcrição dos orikis, que ocorre "numa encruzilhada, *cross-road* do poético e do antropológico", e apresenta versões comparativas entre a transcrição funcional e a transcrição criativa (ou, no seu modo de dizer "tradução/criativa").[34] Embora reconheça o valor da transcrição funcional, realizada por especialistas das ciências humanas, Risério enfatiza a necessidade de investir na tradução/criativa, através da qual podemos apreender a significação estética dos orikis. O interesse por esse aspecto da transcrição nos aproxima de um viés literário iorubá que atravessa, como já dissemos, quase como uma literatura estrangeira, o corpus da literatura brasileira. Caso nos detivéssemos nesse debate, em nossos cursos de graduação e pós-graduação em letras, veríamos não apenas um viés, mas um complexo sistema literário com o qual dialogamos de maneira explícita ou não. José Jorge de Carvalho, valendo-se das observações de estudiosos da tradição literária iorubá informa que

> o conteúdo dos cantos está calcado numa linguagem superconcisa, compressa, que apenas deixa entender o sentido geral e se move

num âmbito inteiramente poético, com muitos sons musicais, aliterações, onomatopeias, grupos consonantais, repetições e jogos de tons do idioma. Há inúmeros provérbios, frases feitas, encantamentos, pragas, conjuros, fórmulas de saudação, comparações, exaltações, os quais se apoiam, frequentemente em oxímoros, metáforas, personificações e sobretudo em epítetos.[35]

É importante considerar que a tessitura dos discursos sobre os orixás, em seu ambiente de origem, constitui uma tradição que, numa linha de tempo e espaço, revela um trabalho específico para sua elaboração. Os discursos são recortados e montados a partir de recursos bem conhecidos dos teóricos da literatura, dos autores e das autoras e de uma parcela expressiva de outros. Esses recursos demonstram que estamos diante de uma textualidade que não é fruto nem do acaso, nem da repetição mecânica de fórmulas. Ao contrário, trata-se de uma textualidade dinâmica, variada nos temas e nos personagens que aborda, vigorosa pela junção de forças líricas, épicas e dramáticas que catalisa.

O LOGOS DE EXU E A CRIAÇÃO POÉTICA

No processo de transcriação de procedimentos da antropologia para a literatura, não pretendemos nos restringir a uma tipologia de poetas, mas analisar o modus operandi que lhes permite desenvolver diferentes *modos* de relacionamento com o acervo textual de Exu. É evidente que essa proposta hermenêutica nos induz a pensar no poeta a partir de uma categoria ou, como se convencionou em certas fases da história da literatura, a partir de uma escola. Isso também demonstra que, ao analisarmos *como alguém faz o quê*, ainda que não o queiramos, nos veremos enredados pela armadilha de classificar *quem faz o quê*. Por isso, na tentativa de suplantar, dentro do possível, os ardis da tipologia de autores, chamamos a atenção para a possibilidade de lidarmos com os diferentes *modos*, que decorrem das diferentes perspectivas de interpretação de um mesmo fenômeno cultural. Diante disso, a força dialética inerente ao próprio Exu pode ser considerada como um princípio que anima os vários modos de reapropriação de suas representações. Por conta disso, nada impede que encontremos entre os poetas modos similares no trato com o acervo textual de Exu ou que, simultaneamente, anotemos num mesmo poeta modos conflitantes na lida com esse acervo.

Sugerimos, então, dois conceitos operacionais, que chamaremos respectivamente de *Orfe(x)u* e *Exunouveau* e que, uma vez apresentados, nos fornecerão instrumentos para revisitar criticamente os desdobramentos de Exu nas poéticas de autores como René Depestre, Abdias Nascimento, Jorge de Lima, Nancy Morejón, Ricardo Aleixo, Salgado Maranhão, entre outros. Em seu livro *O Atlântico em movimento*, a poeta e tradutora Prisca Agustoni analisa a permanência e a reinterpretação de signos culturais africanos nas poéticas de autores afrodescendentes contemporâneos que escrevem em língua portuguesa. Ao comparar os modos como alguns desses autores se apropriaram da simbologia de Exu, Prisca Agustoni observou que determinados poetas estabeleceram uma "recriação pessoal e original do mito", embora tenha se mantido a possibilidade de encontrarmos em seus poemas "marcas explícitas do universo mítico iorubá e referências mais ou menos diretas à sua constituição".[36] Tal aspecto corresponde ao conceito que chamamos de *Orfe(x)u*. Por outro lado, Agustoni considerou os procedimentos poéticos que rasuram o mito, gerando um tipo de poema que "não representa uma outra maneira de recontar o mito iorubá" e que, em nossa concepção, corresponde ao conceito *Exunouveau*. Nesse caso, afirma a autora,

> torna-se realmente um desafio realizar o mapeamento da origem que teria motivado a escrita do poema: sabemos que o ponto de partida é o mesmo, isto é, o mito de Exu, mas, uma vez que o poeta assume totalmente o seu papel de transformador da palavra e do signo, o texto que decorre dessa transformação se mostra radicalmente afastado do contexto que o originou.[37]

A análise de Prisca Agustoni sugere que, do jogo entre as duas perspectivas de abordagem do mito de Exu, mais do que uma polarização, chama nossa atenção a constituição de um lugar discursivo de passagem — nem *Orfe(x)u* nem *Exunouveau*, nem reiteração da tradição, nem inovação moderna. Esse lugar discursivo, tal como o próprio Exu, abarca as possibilidades, o vir a ser do discurso, do sujeito e do mundo. Essa proposição nos desafia a desenvolvermos processos específicos de compreensão dos fatos sociais, culturais e estéticos, caso tenhamos interesse em vivenciar a práxis do mensageiro entre o ilê e o *orun*, que consiste na geração de significados derivados das relações dicotômicas *Orfe(x)u* versus *Exunouveau* e, também, das relações dialéticas implicadas em combinações dinâmicas, passíveis de serem representadas pelas configurações *Orfe(x)u-Exunouveau/Orfe(x)u-Exunouveau* etc. Em termos poéticos, é importante considerar de que maneira essas proposições resultam numa fatura textual concreta; em outros termos, o que se coloca é: que modalidades de poemas decorrem desse viés epistemológico afrodiaspórico? Mais apropriado do que explicitar uma resposta direta a essa indagação, parece-nos pertinente, à maneira dos procedimentos de Exu, vislumbrar uma cartografia provisória que nos permita trafegar por essa tendência poética.

O modo Orfe(x)u

O modo *Orfe(x)u* de reapropriação das narrativas pode ser entendido como uma reiteração de valores e funções expressos nos mitos de Exu, narrados pelos devotos e compilados por pesquisadores. O termo *Orfe(x)u* é, aqui, proposto como uma *ars combinatoria*, pois resulta de uma negociação entre referências gregas e iorubás que são, em si mesmas, apontadas como identidades e, ao mesmo tempo, como alteridades, pois fundadas sobre o relativismo da linguagem que as torna apreensíveis pelo indivíduo e por sua comunidade. É fato que o mito de Orfeu, assim como os demais relatos míticos, não se restringe a uma única versão. Contudo, a cristalização de uma certa versão, que evidencia a trajetória de Orfeu, ressurge com frequência a ponto de se impor às outras versões, que narram as ações do herói em diferentes circunstâncias.

Essa estrutura narrativa, que apresenta as características principais de Orfeu e que é reiterada vezes e vezes, é também verificável no conjunto de relatos sobre Exu. Portanto, pode-se dizer que esse aspecto standard da narrativa atribui a Orfeu e a Exu um caráter clássico, no sentido de estabelecido e aceito como *a forma* referencial de narrativa. Em momento algum, o caráter clássico recusa a perspectiva dialética que fundamenta a narrativa mítica, mas, para efeito de demarcação de um modo que estabeleça vínculos de empatia com o grupo social, o modo clássico de narrar as peripécias de Orfeu e Exu apreende as relações de *uma perspectiva previamente* eleita.

O modo *Orfe(x)u* significa, por isso, a proposição de um modelo a partir do qual o poeta se abre para a experiência da criação, valendo-se do acervo que os devotos e as investigações antropológicas organizaram a respeito de Exu. Nesse acervo sobressaem, sobretudo, a descrição dos atributos de Exu, suas funções rituais e a relação de medo e/ou fascinação que o sujeito (devoto na prática ritual ou poeta na prática literária) desenvolve diante dele. A reiteração desses aspectos, no texto poético, nos habilita a considerar o modo *Orfe(x)u* como um tópos literário, isto é, se entendermos ambos como um procedimento que, ao se consolidar, constitui um método standard que permite ao poeta tratar os argumentos sobre Exu e articular textos que dialogam entre si a partir de uma expressiva semelhança.

O modo *Orfe(x)u* — que pode ser considerado também como um processo derivado da paráfrase textual — reduplica a forma e o sentido que estão presentes nos orikis rituais. Ou seja, confirma a lógica do tópos, que permite ao poeta lidar com uma figura de discurso, acrescentando mais do mesmo à sua órbita de significados. No modo *Orfe(x)u* o poeta reforça o discurso da tradição iorubá; essa tradição, fundamentada na experiência do sagrado, resolve-se numa equação em que um novo discurso, sem autonomizar-se, reconfigura para afirmar as bases do discurso gerado no âmbito das práticas rituais. Pode-se considerar, ainda, que o modo *Orfe(x)u* não promove uma ruptura entre a tradição e as possibilidades da experimentação poética e que, em função disso, não expõe a imprevisibilidade da poética de Exu aos riscos inerentes à renovação literária. Nesse modus operandi, reside a garantia de se escrever um belo poema e de se enunciar uma bela metáfora — ambos alimentados pela fonte do oriki sagrado.

Por outro lado, no modo *Exunouveau*, como veremos, subsiste a possibilidade de se escrever um poema não necessariamente belo ou de fácil empatia. Isso porque o poeta sabe que se aventura na obscura floresta de signos que é Exu. Antes de tecer o poema, o poeta precisará sobreviver à travessia dessa floresta; somente depois disso se sentirá habilitado a ressuscitar, à luz da linguagem poética, aquilo que sempre inesperadamente iluminou o fundo escuro da floresta de signos. Por fim, o modo *Orfe(x)u* aponta para a apreensão do significado latente, o já sabido que pode vir à tona como uma espécie de neoclassicismo (gerado fora dos muros de Grécia e Roma e articulado como o que consideramos apropriado chamar de um classicismo iorubá), cuja retomada de significados ocorre a partir de experiências consolidadas. Apresentaremos, a seguir, uma breve antologia de poemas que, à luz das análises que elaboramos, nos ajudam a reconhecer a interferência do modo *Orfe(x)u* no processo de criação de poetas de diferentes gerações. Comecemos pelo poema "Padê de Exu libertador", de Abdias Nascimento.

> Ó Exu
> ao bruxoleio das velas
> vejo-te comer a própria mãe
> vertendo o sangue negro
> que a teu sangue branco
> enegrece
> ao sangue vermelho
> aquece
> nas veias humanas
> no corrimento menstrual
> à encruzilhada dos
> teus três sangues
> deposito este ebó
> preparado para ti
>
> Tu me ofereces?
> não recuso provar do teu mel
> cheirando meia-noite de
> marafo forte
> sangue branco espumante

das delgadas palmeiras
bebo em teu alguidar de prata
onde ainda frescos boiam
o sêmen a saliva a seiva
sobre o negro sangue que circula
no âmago do ferro
e explode em ilu azul

Ó Exu-Yangui
príncipe do universo e
último a nascer
receba estas aves e
os bichos de patas que
trouxe para satisfazer
tua voracidade ritual
fume destes charutos
vindos da africana Bahia
esta flauta de Pixinguinha
é para que possas chorar
chorinhos aos nossos ancestrais
espero que estas oferendas
agradem teu coração e
alegrem teu paladar
um coração alegre é
um estômago satisfeito e
no contentamento de ambos
está a melhor predisposição
para o cumprimento das
leis da retribuição
asseguradoras da
harmonia cósmica

Invocando estas leis
imploro-te Exu
plantares na minha boca
o teu axé verbal
restituindo-me a língua
que era minha
e ma roubaram
sopre Exu teu hálito
no fundo da minha garganta
lá onde brota o
botão da voz para
que o botão desabroche
se abrindo na flor do
meu falar antigo
por tua força devolvido
monta-me no axé das palavras
prenhas do teu fundamento dinâmico
e cavalgarei o infinito
sobrenatural do orum
percorrerei as distâncias
do nosso aiyê feito de
terra incerta e perigosa

Fecha o meu corpo aos perigos
transporta-me nas asas da
tua mobilidade expansiva
cresça-me à tua linhagem
de ironia preventiva
à minha indomável paixão
amadureça-me à tua
desabusada linguagem
escandalizemos os puritanos

desmascaremos os hipócritas
filhos da puta
assim à catarse das
impurezas culturais
exorcizaremos a domesticação
do gesto e outras
impostas a nosso povo negro

Teu punho sou
Exu-Pelintra
quando desdenhando a polícia
defendes os indefesos
vítimas dos crimes do
esquadrão da morte
punhal traiçoeiro da
mão branca
somos assassinados
porque nos julgam órfãos
desrespeitam nossa humanidade
ignorando que somos
os homens negros
as mulheres negras
orgulhosos filhos e filhas do
Senhor do Orum
Olorum
Pai nosso e teu
Exu
de quem és o fruto alado
da comunicação e da mensagem

Ó Exu
uno e onipresente

em todos nós
na tua carne retalhada
espalhada por este mundo e o outro
faça chegar ao Pai a
notícia da nossa devoção
o retrato de nossas mãos calosas
vazias da justa retribuição
transbordantes de lágrimas
diga ao Pai que nunca
no trabalho descansamos
esse contínuo fazer
de proibido lazer
encheu o cofre dos exploradores
à mais valia do nosso suor
recebemos nossa
menos valia humana
na sociedade deles
nossos estômagos roncam de
fome e revolta nas cozinhas alheias
nas prisões
nos prostíbulos
exiba ao Pai
nossos corações
feridos de angústia
nossas costas chicoteadas
ontem
no pelourinho da escravidão
hoje
no pelourinho da discriminação

Exu
tu que és o senhor dos

caminhos da libertação do teu povo
sabes daqueles que empunharam
teus ferros em brasa
contra a injustiça e a opressão
Zumbi Luiza Mahin Luiz Gama
Cosme Isidoro João Cândido
sabes que em cada coração de negro
há um quilombo pulsando
em cada barraco
outro palmares crepita
os fogos de Xangô iluminando nossa luta
atual e passada

Ofereço-te Exu
o ebó das minhas palavras
neste padê que te consagra
não eu
porém os meus e teus
irmãos e irmãs em
Olorum
nosso Pai
que está
no Orum

Laroiê![38]

O poema de Abdias Nascimento remete a diversos aspectos do oriki de orixá, entre eles a extensão textual com ênfase na enumeração de atributos e ações que caracterizam a divindade. De maneira específica, o poema — numa inflexão próxima ao relato etnográfico — descreve os componentes rituais ("Ó Exu-Yangui/ príncipe do universo e/ último a nascer/ receba estas aves e/ os bichos de patas que/ trouxe para satisfazer/ tua voracidade ritual") que viabilizam a invocação de Exu e o estabelecimento de relações entre ele e o devoto ("Invocando estas leis/ imploro-te Exu/ plantares na minha boca/ o teu axé verbal/ restituindo-me a língua/ que era minha/ e ma roubaram"). Através desse modus operandi, a divindade é apresentada como o motivo principal do discurso, enquanto a voz do poeta se configura como uma caixa de ressonância dos modos de agir e pensar caracterizadores de Exu. O texto não se estrutura como um oriki ritual, propriamente falando, embora a referência a essa expressão poética apareça no título do livro de Abdias Nascimento: *Axés do sangue e da esperança: orikis*.

A associação que o poeta estabelece entre seu texto e o oriki ritual nos permite interpretar seu discurso da perspectiva *Orfe(x)u*, uma vez que ele reitera o significado do oriki em suas funções tradicionais e insere no âmbito da modernidade brasileira, tardia, um sopro estético de extração iorubá. O poema "Padê de Exu libertador" explicita-se como uma mesma textualidade expressa sob uma relativa diferença, ou seja, mantém a evidente relação com o mito de Exu, ressaltando seus atributos e ações e, paralelamente, ressalta as tensões dos fatos referentes à história social do negro brasileiro, no passado e no presente. Há que se levar em conta no caso do poema "Padê de Exu libertador" o fato de o poeta Abdias Nascimento, também pintor, ter rearticulado no domínio pictórico os mesmos elementos que, como vimos, nutriram a formulação do texto literário. No quadro *Padê de Exu* (1988),[39] chama a atenção a economia de formas e cores empregadas por Nascimento em contraste com o discurso de largo fôlego do poema. Se neste há um viés pedagógico que apresenta aos interlocutores os atributos de Exu (daí a presença de uma linguagem explicativa, como se vê no fragmento "Ó Exu/ uno e onipresente/ em todos nós/

na tua carne retalhada/ espalhada por este mundo e o outro/ faça chegar ao Pai a/ notícia da nossa devoção"), no quadro sobressaem poucas formas: dois tridentes que dão visibilidade a um rosto, quatro tridentes que circundam esse mesmo rosto e, servindo de fundo, uma teia de pequenos círculos negros, dentro de pequenos quadrados e/ou retângulos. A imagem se completa com cores em tons claros e escuros derivados do marrom, do azul, do vermelho, do amarelo, do alaranjado e do preto.

Padê de Exu,
Abdias Nascimento, 1988

Em 1987, Abdias Nascimento havia pintado o quadro *Ritual de Exu*,[40] cujo motivo, ao fundo da tela, assemelha-se ao do *Padê de Exu*. No *Ritual de Exu*, dois tridentes dão forma ao rosto, que é circundado por três tridentes. Apesar de haver algumas diferenças de cores e formas entre os dois quadros, nota-se que nasceram da mesma mitopoética. Tal como o poema, os quadros delineiam um campo de significados no qual a reiteração de uma imagem tradicional (o tridente e a máscara) ou de um discurso tradicional (o oriki) se desdobra, diante dos interlocutores, como uma diferença, isto é, como uma especulação sobre aquilo que cada indivíduo é capaz de cerzir como o significado de si mesmo e das coisas ao seu redor. O poema e os dois quadros, pensados como um conjunto verbivocovisual, nos colocam diante de uma fatura estética considerável: em geral, tem-se exemplos de parcerias entre poetas e artistas plásticos que combinam suas habilidades para tecer obras em que o texto poético e a pintura dialogam.

Ritual de Exu, Abdias
Nascimento, 1987

O livro *Orixás*, de Oliveira Silveira e Pedro Homero,[41] demonstra como essa parceria delineia um discurso sustentado pela tensão entre duas linguagens que ora afirmam suas especificidades, ora abdicam delas para apresentar-se como uma linguagem híbrida, desafiadora das formalidades estéticas estabelecidas. Ao se apresentar como o poeta e o pintor, simultaneamente, Abdias Nascimento estreita o diálogo entre o texto poético e a pintura, já que as tensões, antes partilhadas por dois sujeitos, se evidenciam agora num único sujeito: o poeta-pintor. Este, por sua vez, nos instiga a analisar o tensionamento como um processo marcante da produção de significados. Por extensão, é válido dizer que esse processo, visível entre os atributos de Exu, perpassa também as experiências afrodiaspóricas em áreas como a literatura, a música, o teatro, a dança, a filosofia, o cinema, a ocupação dos espaços urbanos, a organização da vida comunitária em ambientes rurais etc.[42]

Na série de doze pinturas de Pedro Homero, que acompanham os poemas de Oliveira Silveira, destaca-se a presença de cores fortes, que correspondem às cores rituais dos orixás. As pinturas, embora apresentadas fora do espaço ritual, reduplicam informações visuais que procedem diretamente desse espaço. Contudo, há que se ressaltar a intervenção de Pedro Homero, que, à maneira de Oliveira Silveira nos poemas, sobrepõe suas interpretações da mitopoética àquela matriz que seria, em termos rituais, a instituinte da religião dos orixás. É, portanto, nas interpretações do pintor Pedro Homero e do poeta Oliveira Silveira que se evidencia o modus operandi da perspectiva *Orfe(x)u*. Ou seja, nas interpretações da mitopoética e em suas consequentes reelaborações podemos observar a expansão de um campo de significados que, ao final, indica a estreita relação entre os domínios da ortodoxia ritual e do experimentalismo estético. Isso ocorre porque já no domínio ritual os devotos atuam como artistas sensíveis às provocações estéticas das matrizes ancestrais, muito embora reconheçam que a experiência estética, nesse domínio, está intrinsicamente ligada às funções do ritual. Essas funções têm precedência porque fundam os ambientes a partir dos quais, uma vez ampliada a fronteira de significados, o estético pode desdobrar-se sem as prescrições do sagrado. Esse desdobramento não representa, contudo, a criação de linguagens para as quais o retorno ao sagrado seja considerado uma possibilidade totalmente inviável. Tais linguagens, tensionadas por um alto grau de mobilidade semântica, procedem de uma estrutura epistemológica que supera o princípio da dualidade por instaurar-se nas fronteiras das relações entre a diferença e gerar condições propícias para o trânsito dos significados e das ações dos sujeitos.

Para as pinturas do livro *Orixás*, Pedro Homero (assim como Rubem Valentim, Jorge dos Anjos e Antônio Sérgio Moreira — apenas para citar alguns nomes)[43] forjou sua percepção estética a partir dessa fronteira e articulou uma poética visual específica a respeito dos orixás. Por isso, o *Bará* que o artista apresenta ao público, ao mesmo tempo que tem a cabeça aberta (índice de um devir mais do que de uma afirmação do sentido), se fixa na página, num gesto de pleno movimento. A esse paradoxo (o fixo em movimento), que é um atributo característico de Exu, o pintor acrescenta formas como a chave e a foice relacionadas ao fechamento/abertura e ao embate/morte, respectivamente. O vermelho e o negro intensos exprimem a força de Exu para romper as correntes que tentam restringir sua mobilidade. Uma vez rompidos, os grilhões permanecem aos pés de Exu como a nos lembrar duas realidades opostas: a da escravidão, que violentou centenas de milhares de pessoas negras, e a da rebelião/contestação, que reinaugura ciclicamente os gestos de esperança e solidariedade em quem se levanta contra todos os sistemas de opressão. Assim, livre em vermelho e negro, voluptuoso em seus contornos, o Exu reelaborado por Pedro Homero dialoga, em nosso entendimento, com o Exu de boca aberta e língua à mostra — numa prospecção do grito transgressor — esculpido pelos ceramistas baianos Cândido Santos Xavier (Tamba) e seu irmão Armando Santos Xavier, na obra intitulada *Viagem dos Exus*.[44]

Como observa Lélia Coelho Frota, nas esculturas de Cândido Santos Xavier predominam o branco, o preto, o vermelho, o azul e o amarelo, especialmente nas séries dedicadas a Exu.[45] Na cena da *Viagem dos Exus*, ao lado dos elementos rituais (a comida de santo e o tambor) tem-se a bandeira do Brasil. As cinco figuras de Exu — dispostas em estado de celebração e com alusões eróticas — formam um conjunto que nos lembra, por vários aspectos, um carro alegórico, em desfile. Apesar da mescla entre os símbolos da nacionalidade e das heranças africanas, é possível notar uma evidente marcação das formas e das cores. Ou seja, os símbolos justapostos e estimulados à mescla não deixam de exibir, no conjunto da escultura, um ambiente tensionado e permeado por relações de negociação, que não excluem possíveis ondas de conflito. Enfim, os elementos dessa viagem, que atravessa o imaginário cultural brasileiro, constituem-se como proposições para pensarmos as relações entre individualidade e coletividade, reconhecimento e estranhamento, explicitação e contestação dos valores sociais e estéticos estabelecidos. Vista dessa maneira, a *Viagem dos Exus* funciona como uma metonímia da nossa ordem social, ou seja, as tensões que subjazem à obra nos impelem a relativizar a lógica corrente de que nas mesclas culturais brasileiras as diferenças convivem num teatro carnavalizado. Os interesses dos vários sujeitos, situados em condições sociais contrastantes, tornam esse teatro um lugar-fronteira no qual a produção de sentidos decorre de um contínuo estado de tensão e, não raramente, de violência. Por isso, é interessante notar que as setas na pintura de Abdias Nascimento, os corpos lançados para a frente no quadro de Pedro Homero e na escultura de Cândido Santos Xavier e a palavra em ação no poema de Oliveira Silveira (veja-se a reiteração do verbo "vir' na terceira pessoa do plural do pretérito imperfeito do indicativo) evidenciam, na mitopoética de Exu, uma epistemologia regida, ao mesmo tempo, pelos princípios da continuidade e da ruptura.

    A reelaboração dos conteúdos presentes nas narrativas rituais, como veremos adiante, aponta para uma maior abrangência do modo *Orfe(x)u*, que, a partir da efetivação de uma condição intermediária, se instaura como a passagem da estrutura e do conteúdo centrados em Exu para outra categoria articulada a partir das interpretações que o poeta estabelece para a mitopoética do "senhor dos caminhos". Essa perspectiva tem se constituído como um modelo que resulta numa vertente poética na qual os atributos de Exu são reiterados por poetas de diferentes latitudes e tendências estéticas. Esses atributos são gerados no domínio do sagrado, percebidos pelos devotos como realidade e analisados por antropólogos e sociólogos como um fio espesso que interfere na trama social. Nesse caso, nos referimos, particularmente, às relações que os filhos e as filhas de santo estabelecem com seus terreiros, nos quais desenvolvem atividades que dependem de recursos econômicos e de proteção dos superiores da casa. No dizer de Ordep Serra,

> o arsenal político do povo-de-santo não se limita ao recurso das alianças [...], é bem maior. Os terreiros em si são formas institucionais muito estratégicas neste sentido. Afinal, trata-se de organizações populares que concentram amplas redes sociais e que se multiplicam de forma crescente, lidando, em diversos níveis, com diferentes esquemas de poder.[46]

Ao acionarem essa mitopoética, os(as) poetas apontam para uma cena literária que tem a partir do eixo Exu uma série de desdobramentos, entre eles, a constituição de um tópos literário contraditório, pois, embora seja tomado como referência fixa de criação, a mitopoética de Exu revela sua contínua recusa às esquematizações e aos convencionalismos; a projeção de uma nova sensibilidade, tecida a partir de aspectos culturais marginalizados, no cerne da literatura brasileira; e a ampliação do acervo estético nacional mediante sua comparação com as experiências literárias, linguísticas e sociais e políticas em curso nos territórios da afrodiáspora. A seguir, com uma brevíssima seleção de textos de Aimé Césaire, Nancy Morejón, René Depestre, Ricardo Aleixo, Salgado Maranhão, Lepê Correia e Edimilson de Almeida Pereira, analisaremos as proposições aqui indicadas, chamando a atenção, ao mesmo tempo, para a necessidade de levantar, organizar e comentar os diálogos de outros autores e outras autoras com a mitopoética de Exu, inclusive em outros setores de criação como a dança, as artes plásticas, o cinema, o teatro, a escultura etc.[47]

> *toi diseur*
> *qu'y a-t-il à dire*
> *qu'y a-t-il à dire*
> *y pourvoit la tête de l'hippotrague*
> *y pourvoit le chasse-mouches*
>
> *toi diseur*
> *qu'y a-t-il à dire*
> *qu'y a-t-il à dire*
> *la vie à transmettre*
> *la force à répartir*
> *et ce fleuve de chenilles*
>
> *oh capteur*
> *qu'y a-t-il à dire*
> *qu'y a-t-il à dire*
> *que le piège fonctionne*
> *que la parole traverse*
>
> *eh détrousseur*
> *eh ruseur*

ouvreur de routes
laisse jalonner les demeures au haut réseau de la Mort
le sylphe bouffon de cette sylve

                                      Aimé Césaire[48]

esta noche
junto a las puertas del caserón rojizo
he vuelto a ver los ojos del guerrero
      elegguá
      la lengua
roja de sangre como el corazón de los hierros
los pies dorados desiguales
la tez de fuego el pecho encabritado y sonriente

acaba de estallar en gritos
      elegguá salta
imagina los cantos
roza el espacio con un puñal de cobre
      quién le considera
      si no es la piedra
      o el coco blanco
quién recogerá los caracoles de sus ojos

ya no sabrá de Olofí si há perdido el camino
      ya no sabrá de los rituales
ni de los animales en su honor
      ni de la lanza mágica
ni de los silbidos en la noche

si los ojos de elegguá regresaran
volverían a atravesar el río pujante
donde los dioses se alejaban donde existían los peces
      quién sabrá entonces del cantar de los pájaros
el gran elegguá ata mis manos

y las abre y ya huye
y bajo la yagruma está el secreto
las cabezas el sol y lo que silba
  como único poder del oscuro camino.

Nancy Morejón[49]

Je suis
Atibon-Legba
Mon chapeau vient de la
Guinée
De même que ma canne de bambou
De même que ma vieille douleur
De même que mes vieux os
Je suis le patron des portiers
Et des garçons d'ascenseur
Je suis
Legba-Bois
Legba-Cayes
Je suis
Legba-Signangnon
Et ses sept frères
Kataroulo
Je suis
Legba-Kataroulo
Ce soir je plante mon reposoir
Le grand médicinier de mon âme
Dans la terre de l'homme blanc
À la croisée de ses chemins
Je baise trois fois sa porte
Je baise trois fois ses yeux!
Je suis
Alegba-Papa

Le dieu de vos portes
Ce soir c'est moi
Le maître de vos layons
Et de vos carrefours de blancs
Moi le protecteur des fourmis
Et des plantes de votre maison
Je suis le chef des barrières
De l'esprit et du corps humains!
J'arrive couvert de poussière
Je suis le grand
Ancêtre noir
Je vois j'entends ce qui se passe
Sur les sentiers et les routes
Vos cœurs et vos jardins de blancs
N'ont guère de secrets pour moi
J'arrive tout cassé de mes voyages
Et je lance mon grand âge
Sur les pistes où rampent
Vos trahisons de blancs!

Ô vous juge d'AJabama
Je ne vois dans vos mains
Ni cruche d'eau ni bougie noire
Je ne vois pas mon vêvé tracé
Sur le plancher de la maison
Où est la bonne farine blanche
Où sont mes points cardinaux
Mes vieux os arrivent chez vous
juge et ils ne voient pas
De bagui où poser leurs chagrins
Ils voient des coqs blancs
Ils voient des poules blanches

Juge où sont nos épices
Où est le sel et le piment
Où est l'huile d'arachide
Où est le maïs grillé
Où sont nos étoiles de rhum
Où sont mon rada et mon mahi
Où est mon yanvalou?
Au diable vos plats insipides
Au diable le vin blanc
Au diable la pomme et la poire
Au diable tous vos mensonges
Je veux pour ma faim des ignames
Des malangas et des giraumonts
Des bananes et des patates douces
Au diable vos valses et vos tangos
La vieille faim de mes jambes
Réclame un crabignan-legba
La vieille soif de mes os
Réclame des pas virils d'homme!

Je suis
Papa-Legba
Je suis
Legba-Clairondé
Je suis
Legba-Sé
Je suis
Alegba-Si
Je sors de leur fourreau
Mes sept frères
Kataroulo
le change aussi en épée

Ma pipe de terre cuite
Je change aussi en epee
Ma canne de bambou
Je change aussi en epee
Mon grand chapeau de
Guinée
Je change aussi en épée
Mon tronc de médicinier
Je change aussi en épée
Mon sang que tu as versé!

O juge voici une épée
Pour chaque porte de la maison
Une épée pour chaque tête
Voici les douze apôtres de ma foi
Mes douze épées
Kataroulo
Les douze
Legbas de mes os
Et pas un ne trahira mon sang
Il n'y a pas de
Judas dans mon corps
Juge il y a un seul vieil homme
Qui veille sur le chemin des hommes
Il y a un seul vieux coq-bataille
O juge qui lance dans vos allées
Les grandes ailes rouges de sa vérité!

                                                    René Depestre[50]

Primeiro
que nasceu,
último

a nascer.
Deus capaz
de ardis,
controlador
dos caminhos.
Elegbara,
parceiro
de Ogum.
Barrete.
Cabelo pontudo
como um falo.
Dono dos oitocentos
porretes.
Oitocentos porretes
nodosos.
Senhor da fala
fácil.
Sopra a flauta
e seus filhos vêm.
Bará chega fungando.
O povo pensa
que é o trem
partindo.

Ricardo Aleixo[51]

quando você me expõe esse olhar de vidraças coloniais eu me perco num emaranhado de sensações obscenas, tiro partido do que posso e ligeiramente busco adsomar os condimentos necessários na conservação da seiva do meu caule. eu que sempre tentei vestir de calça nova as esperanças e bombear o coração de fôlegos emotivos. antigamente, muito antigamente, eu tinha uma obturação no peito inferior. uma obturação qualquer... de dor, de acrílico porcelana.

daí as cinco chagas do exu que me protege as tempestades. daí as sete chamas do dendê que me incendeia a carne: toda vez que você me expõe esse olhar de vidraças coloniais, essa cara lambida de vaca roceira, e um sorriso encarnado em brava boca, feito morango maduro numa taça de sorvete.

Salgado Maranhão[52]

oh Primogênito do Universo
oh Senhor dos Caminhos
Boca coletiva
Eco de todos os tons.
Nota de todas as pautas
Guardião de todas as portas
Movimento de todo o Universo
Pés de todas as rasteiras
Pernas de todos os andares.
Conduz teu povo
No segredo e na algazarra
na festa e no recolhimento
Empresta a cada garganta
Teu grito!
Dá a cada ginga o significado!
A cada olhar: a visão.
Que em cada trança
A reunião se presentifique
Assim como no toque do tan-tan
Uma mensagem se codifique
Até a hora da grande gargalhada
Em nome de Olorum — asé!
Bara ô!

Lepê Correia[53]

Preto e vermelho
são suas cores.

Abre os caminhos
com elas.

Em seus calcanhares
as asas

de grande pássaro.
Vai devagar,

depressa também.
Nos dias pares,

pensa nos rumores
da festa.

Nas noites ímpares,
desce a lua

das alturas.
Preto e vermelho

são as cores
que movimenta

para dar direção
a todos os caminhos.

                                      Edimilson de Almeida Pereira[54]

    A descrição de Exu — "ele é o que diz// é a cabeça da faca-falo" (Césaire), "la tez de fuego el pecho encabritado y sonriente" (Morejón), "le grand Ancêtre noir" (Depestre), "Primeiro que nasceu" (Aleixo), "Boca coletiva" (Correia), "Preto e vermelho/

são suas cores" (Pereira) — e a alusão a algumas de suas muitas funções — "o ardiloso/ que abre os caminhos" (Césaire), "Je vois j'entends ce qui se passe/ Sur les sentiers et les routes" (Depestre), "controlador dos caminhos" (Aleixo), "exu que me protege das tempestades" (Maranhão), "Guardião de todas as portas" (Correia), "Abre os caminhos" (Pereira) — fazem parte dos relatos que, como vimos, desenham a cena ritual para os devotos e para os investigadores. Ao deslocar esses atributos do espaço ritual para o literário, os poetas alargam as possibilidades de trocas entre a literatura e a antropologia. Sem romper com a representação "tradicional" de Exu, o modo *Orfe(x)u* viabiliza sua passagem do âmbito ritual para o âmbito estético, preservando, diríamos, algumas características do primeiro. Entre elas, a identificação entre a capacidade de interferência da entidade sagrada e o texto, que, ao falar sobre ela, se estabelece como uma forma concreta de sua presentificação no meio social. É possível afirmar, nessa circunstância, que Exu é seu oriki, tanto quanto o oriki falado é a manifestação de Exu. Não por acaso, os poemas de Abdias Nascimento, Nancy Morejón, René Depestre, Salgado Maranhão e Lepê Correia estão permeados pela invocação de Exu, e quanto mais o texto se impregna dos seus atributos mais se confirma a expectativa de sua intervenção (real ou imaginária) sobre as ações do sujeito e o curso dos acontecimentos.

O poema de Depestre — que guarda um parentesco formal com a extensão do oriki e do poema de Abdias Nascimento — assim como o de Nancy Morejón chamam nossa atenção para uma mitopoética iorubá, em geral, e uma mitopoética de Exu (e/ou de outro orixá), em particular, entretecida no território da diáspora. Se o poeta haitiano e outros, por um lado, reiteram a presença da África no imaginário individual e coletivo do Ocidente, por outro, apontam para a singularidade das tensões poéticas geradas entre a passagem do meio (ou travessia do Atlântico) e o desembarque (ou inserção no continente) do sujeito negro. Nesse ponto, a cartografia da diáspora impõe ao poeta o desafio de forjar a alquimia de uma linguagem que seja, ao mesmo tempo, familiar e estranha, afrodiaspórica e ocidental, mítica e histórica.

Tais aspectos sustentam a tessitura do poema "Atibon-Legba", que tem sob seus pés a lógica do modo *Exunoveau*: neste, por sua vez, subsiste o dinamismo a partir do qual passado e presente, mito ("Je suis/ Atibon-Legba/ Mon chapeau vient de la/ Guinée") e história ("Dans la terre de l'homme blanc/ À la croisée de ses chemins/ Je baise trois fois sa porte/ Je baise trois fois ses yeux!") se inter-relacionam. Maria Nazareth Soares Fonseca ressalta essas tensões e afirma que no poema "ao mesmo tempo em que o deus invocado 'abre as barreiras' e permite a entrada das entidades africanas no espaço do Alabama, ressalta-se a estranheza do lugar e a ausência dos objetos que o configuram como 'reponsoir', o altar de celebração do culto vodu". Em consequência disso, a "inexistência dos objetos sagrados faz do Alabama e da casa do Juiz um lugar impróprio para os cultos, descaracterizado enquanto espaço dos orixás, distante, portanto, dos rituais de preservação das tradições africanas.[55] A tensão entre o mítico e o histórico pode ser observada, uma vez mais, através do poema "Exu", de Cláudio Daniel: este, como os poetas anteriores, reitera os aspectos míticos do "senhor das encruzilhadas" e situa a voz do poeta como uma ponte entre o texto ritual e as tensões sociais que rodeiam as iniciativas do sujeito:

Lagunã corrige o corcunda.
Faz crescer a lepra do leproso.
Põe pimenta no cu do curioso.

Legbá ensina cobra a cantar.
Entorta aquilo que é reto,
endireita aquilo que é curvo.

Exu Melekê — o desordeiro
faz a noite virar dia e o dia
virar noite. Surra com açoite

o colunista da revista. Cega
o olho grande do tucano —
e zomba do piolho caolho.

Marabô vai-vem-revém.
Quente é a aguardente
do delinquente. Elegbará

com seu porrete potente
quebra todos os dentes
do entreguista privatista.

Bará tem falo de elefante.
É o farsante dos farsantes:
fode a mulher do deputado

hoje — e faz o filho ontem.
Agbô confunde o viajante
e o faz perder a sua rota.

Bará Melekê compra azeite
no mercado — levando peneira
volta sem derramar uma gota.

Larôye Exu! O desalmado
soma pedras e perdas na sina
do condenado. Sete Caveiras:

que seja suave minha sina
neste mundo tão contrariado.
Que seja suave — Larôye Exu!

Cláudio Daniel[56]

Também no poema extraído do *Livro de orikis*, o poeta reitera as informações procedentes das investigações antropológicas, a saber: o poeta, como fizera Pierre Verger, refere-se aos muitos nomes dedicados a Exu, dentre os quais, Lagunã, Legbá, Melekê, Marabô, Elegbará, Bará, Agbô; indica as ações que evidenciam Exu como um *trickster* ("Põe pimenta no cu do curioso." etc.) e descreve seu aparato ritual ("Bará tem falo de elefante."). Porém, assim como nos textos de Morejón, Depestre, Aleixo e Maranhão, pode-se notar que a voz poética integra as tensões histórico-sociais contemporâneas ao texto da tradição. Segundo seus atributos, Exu fustiga quem o desagrada, ou faz o mesmo a alguém, desde que invocado para tal função.

O poeta Cláudio Daniel vale-se desses atributos para solicitar a Exu a punição dos indivíduos e dos grupos que conspiraram contra o governo legítimo da presidenta Dilma Rousseff, reeleita no pleito de 2014.[57] O processo de impeachment que culminou, em 31 de agosto de 2016 com a cassação do mandato da presidenta, pelas mãos de uma Câmara dos Deputados e de um Senado federal sabidamente corruptos e elitistas, foi denunciado por nós e por muitos brasileiros e muitas brasileiras como um golpe de Estado.[58] Nesse contexto histórico conturbado, Exu é invocado para fustigar os golpistas: "Surra com açoite/ o colunista da revista. Cega/ o olho grande do tucano". O poeta refere-se, provavelmente, aos colunistas da revista *Veja* e/ou de outras publicações antigoverno, que, junto a órgãos da grande mídia como Rede Globo e *Folha de S.Paulo* insuflaram os ares contra a legitimidade democrática do governo da presidenta eleita Dilma Rousseff. Na passagem "Elegbará/ com seu porrete potente/ quebra todos os dentes/ do entreguista privatista", a ação de Exu é invocada contra lideranças políticas ligadas, sobretudo, ao PSDB e aos seus aliados. Esse partido, que tem por símbolo o tucano, ave da fauna brasileira, foi um dos principais articuladores do golpe de Estado de 2016.[59]

A capacidade de Exu para reordenar o mundo a partir da desarticulação das práticas habituais está relacionada à possibilidade de inversão das dimensões temporais. Esse atributo permite ao senhor dos caminhos alterar a percepção que possuímos dos acontecimentos, colocando-nos diante de situações de aparente nonsense, uma vez que somos instruídos a vivenciar a passagem do tempo como uma sucessão de eventos. Antonio Risério, na transcrição de um oriki de Exu, revela que ele "Atirando uma pedra hoje,/ Mata um pássaro ontem".[60] Essa mesma referência, como vimos em Pierre Verger,[61] demonstra que através da ruptura da linearidade do tempo Exu se afirma como uma força que viabiliza a reinvenção do cotidiano, demonstrando que um mesmo evento, capturado sob outra dimensão temporal, constitui-se como uma alteridade sem, no entanto, desvincular-se de sua estruturação primeira. Veja-se, por exemplo, o desdobramento estético desse princípio na sequência de Ricardo Aleixo, na qual o mesmo fato (a chegada) pode ser interpretado como o mesmo-outro-fato (a partida): "Bará chega fungando./ O povo pensa/ que é o trem/ partindo". Por sua vez, Cláudio Daniel se vale desse princípio quando anota em seu poema: "Bará tem falo de elefante./ É o farsante dos farsantes:/ fode a mulher do deputado// hoje — e faz o filho ontem". Sob a ótica do modo *Orfe(x)u*, a voz poética reitera o atributo de Exu-que-inverte-a-ordem-do-tempo e, paralelamente, reatualiza esse atributo ao relacioná-lo a uma demanda histórico-

-social específica: a crise política que perpassa a sociedade brasileira contemporânea. Em nota de divulgação sobre a obra, lançada em 2015, pode-se observar os desdobramentos que apontamos:

> O *Livro de orikis* busca manter elementos do oriki tradicional — os nomes e epítetos dos orixás, seus mitos, atribuições e atributos — com uma crítica contemporânea, incorporando temas da situação política e social do país.
>
> Todos os poemas que compõem o livro foram escritos entre fevereiro e março de 2015, com exceção do *Oriki de Orunmilá*, redigido em 2006. As linhas apresentadas em itálico no interior dos poemas são citações de "pontos" cantados nos rituais em diversos terreiros no Brasil e os textos são apresentados conforme a ordem do xirê cantado no candomblé (foi adotada a sequência estabelecida por Pierre Verger no livro *Os orixás*, com poucas variações).[62]

O poeta gaúcho Oliveira Silveira — em sua coletânea de poemas *Orixás*, publicada com as ilustrações do artista plástico Pedro Homero — adotou numa edição, ao que tudo indica, de 1995, o procedimento de associar a obra poética às informações de caráter etnográfico e antropológico referentes aos orixás. Essas informações, sob a forma de notas de rodapé, associadas às representações iconográficas dos orixás, sustentam um palimpsesto textual que, por sua vez, remete a um palimpsesto abrangente que tangencia — ora revelando, ora ocultando — as diferentes matrizes culturais envolvidas no processo de articulação de muitas práticas culturais brasileiras. Vejamos um pouco dessa teia de representações propostas por Oliveira Silveira através do seu poema "No caminho da Casa-de-Nação", que foi impresso ao lado da ilustração intitulada "Bará", realizada por Pedro Homero, e tem, como nota de rodapé, informações relativas "ao dono dos caminhos e dos cruzeiros (encruzilhadas)":

> Vinham pelos caminhos,
> ruas e encruzilhadas
> abertos por Bará
> antes da oferenda do galo, do milho
> ou do cabrito quatro-pé.
>
> Vinham pelos caminhos
> atendendo ao chamado de um tambor
> que bate dentro de seus próprios peitos:
> tuc-tuc-tuc.
>
> Vinham pelos caminhos
> — pele magnética —
> atraídos ao ímã ancestral.
>
> Vinham
> — caules decepados —
> nutrir-se nas raízes.
>
> Oliveira Silveira[63]

As referências aos atributos de Exu são evidentes, como nos textos já vistos (habitante das encruzilhadas, portador de mais de um nome etc.), bem como ao ambiente ritual onde atuam os demais orixás: a Casa de Nação evoca os grupos étnicos provenientes do continente africano e aqui instalados, sob a direção de lideranças religiosas locais. Os registros antropológicos inventariaram um histórico de casas de nação, a exemplo das casas de candomblé ketu, das casas de candomblé jeje, das casas de candomblé bantu — designações que se espraiaram pelo país e indicam as especificidades de cultos e de relações interpessoais que caracterizam a inserção dos devotos das religiões de matrizes africanas na sociedade brasileira.[64]

Essa moldura cultural aponta para a interferência do modo *Orfe(x)u* na construção do poema, e, em seu livro, Oliveira Silveira reafirma esse aspecto ao inserir notas de rodapé que transmitem aos interlocutores do poema informações de caráter etnográfico extraídas do estudo *O batuque do Rio Grande do Sul*, do antropólogo Norton F. Corrêa.[65] As notas destacam os atributos e os símbolos de Exu, criando um efeito espelho em relação ao texto do poema. Contudo, chama a atenção o fato de Oliveira Silveira ultrapassar, no poema, os limites das informações contidas nas notas, ou seja, o poema resulta de uma apropriação da linguagem ritual por parte do poeta que, segundo Prisca Agustoni, implica "certa indefinição no que diz respeito ao assunto do poema: quem são esses que 'vinham', de 'pele magnética'?".[66] Isso demonstra que o trabalho do poeta, entre outros procedimentos, consiste em estender as representações do texto ritual, de maneira que essa extensão se configure como uma alteridade em relação à fonte original, isto é, da provável objetividade da nota etnográfica ("Bará é o dono dos caminhos e dos cruzeiros") o poeta extrai a subjetividade intrínseca do texto poético, que se afirma como um original específico e autônomo ("Vinham/ — caules decepados — / nutrir-se nas raízes.").

Os procedimentos verificados nos poemas anteriores apontam para uma dicção intermediária entre o poema que reitera os atributos rituais de Exu e o poema que, além de realizar esse efeito, insinua-se como um texto autônomo. Por isso, a articulação do modo *Orfe(x)u* não supõe a cópia do relato ritual, mas evidencia uma ligação umbilical entre o elemento poético e o substrato documental. O poema, nessas circunstâncias, estimula uma volta à realidade na qual está radicada a prática religiosa, ainda que o poeta não se exprima como um devoto. Essa relação especular não significa uma restrição ao espírito criativo do poeta, pois, ao contrário, obriga-o a transformar a semelhança entre o poema e o documento numa fatura estética que, por força de sua especificidade, contribui para uma compreensão mais profunda da linguagem que confere forma e conteúdo aos mitos.

O modo *Orfe(x)u* do exercício poético traz à tona questões de ordem cultural e ontológica sem as quais não haveria a possibilidade de um diálogo tão intenso entre o poema e o texto ritual (oriki) e/ou a nota etnográfica e, menos ainda, a formação de uma lógica especular que não se limita à mera repetição de representações e valores. O poema e o oriki nascem do solo cultural iorubá reelaborado na diáspora, ou seja, um solo recomposto durante as migrações compulsórias ligadas ao tráfico de escravos. A essa circunstância, somam-se os embates do sujeito destituído de sua condição humana e, apesar disso, ainda depositário de um legado cultural. A negação de certa ordem cultural e ontológica e, ao mesmo tempo, o empenho em sua manutenção forjam nichos de tensão dos quais emerge uma linguagem que se quer reiteração da cultura e do sujeito renegados e, simultaneamente, transfiguração de ambos, por força do aprendizado da ruptura e da negociação.

Esteticamente falando, o modo *Orfe(x)u* consiste numa resposta a essa demanda social. E tal é a extensão da demanda, que o referido modo tem se mostrado como um tópos evidente que absorve as tensões entre o estético e o documental, a tradição e a mudança. Tal modo contribui para a sedimentação do saber já reconhecido, sendo maleável o bastante para expressar as provocações de algumas mudanças em relação a esse saber. Por isso, a *ars combinatoria Orfe(x)u* se mantém como um fio estendido ao máximo da tensão, sem o risco de romper-se. As possibilidades de manter e mudar, de colocar face a face Orfeu e Exu, constituem a lógica desse tópos, cuja relativa estabilidade é cerzida às custas de permanentes negociações entre o poeta e o antropólogo, entre o devoto e o poeta (não necessariamente devoto), enfim, entre o texto ritual gerado no seio da coletividade e o texto poético tecido como experiência individual.

O modo Exunouveau

Se no modo *Orfe(x)u* detectamos um processo de autonomização do poema em relação ao texto ritual (oriki), podemos dizer que o modo *Exunouveau* aprofunda essa autonomização ao apontar para o significado insurgente, que pode ou não vir à tona, responsável pelo aspecto imprevisível do poema. Se a ductibilidade nos ajuda a apreender o funcionamento do modo *Orfe(x)u*, vale dizer que a flexibilidade e a ruptura de fronteiras são os traços marcantes do modo *Exunouveau*. Dessa perspectiva, os apelos à tensão inércia/movimento, presença/ausência, ruptura/negociação — que caracterizam a percepção do mundo, segundo os atributos de Exu — são transmitidos de maneira indireta, às vezes obscura, de tal forma que sabemos tratar-se de Exu, ainda que nenhuma palavra em iorubá ou português referente à gramática de Exu seja mencionada. A intervenção de Exu nessa poética rompe com a modalidade do oriki tradicional e com o valor estrito do ritual. Esses aspectos, que não são evocados na estrutura linguística do modo *Exunouveau*, são reinventados através de objetos e conceitos que, uma vez citados no poema, abrem para o poeta e para o leitor o desafio de "lerem" Exu onde Exu não está ou estará. Por ser maleável, polivalente e mediador, entre outros atributos, Exu não se permite ser controlado.

É através desses atributos que Exu nos ensina outras inflexões para a vivência poética: aprender com Exu é não restringir a experiência de construção de sentido a esta ou àquela possibilidade, mas a muitas possibilidades, inclusive aquelas que o sonar de nossa linguagem ainda não detectou. Exu é, simultaneamente, o que está feito e o devir de todos os afazeres. Por isso, cientes de sua dinâmica, precisamos nos esforçar para apreendermos o que há de significativo nas poéticas estabelecidas (e, diríamos de certo modo, catalogadas pelo nosso esquema de expectativas) e o que nem sequer imaginamos constituir-se como uma poética em potencial (e, podemos acrescentar, uma poética da liberdade de experimentação).

Em função disso, é pertinente considerar a relação do modo *Exunouveau* com uma práxis poética vinculada à destruição e à reconstrução do significado — aspectos que nos remetem à possibilidade de vivenciar a poesia em sua dimensão hermética, mas passível de ser interpretada; restrita, mas aberta à expressão das vontades pessoais e coletivas. Em linhas gerais, o modo *Exunouveau* nos reenvia à questão do reencantamento do mundo que Exu devora e recria. Essa questão é relevante para o sujeito do fazer poético, sobretudo aquele que, como o "senhor dos caminhos", fertiliza o solo da linguagem com suas metáforas e jogos de palavras, embora saiba que esses e outros instrumentos da comunicação sejam precários. É evidente que cada poeta, à sua maneira e pelas suas razões, e a depender de seu contexto histórico-social, pode considerar mais ou menos a interferência dessa questão em seu processo de criação. De maneira específica, o viés *Exunouveau* — que se relaciona às condições de criação e de manutenção do ser humano, e de todos os demais seres e objetos —, essa questão se impõe, haja vista a estreita relação que há muito se estabeleceu entre o sagrado e o discurso poético, seja no domínio da epistemologia iorubá, seja em outros domínios culturais. Uma interessante amostragem dessa relação é a coletânea *Trésor de la poésie universelle*, organizada por Roger Caillois e Jean-Clarence Lambert. Além de um prefácio escrito por Caillois — segundo o qual "Aux origines, autant qu'on en puisse juger, la poesie, plutôt qu'un langage sacré, constituait un langage general" —, a obra reúne cantos rituais, preces, litanias, profecias, mitos, hinos e salmos apresentados sob a estrutura de textos poéticos.[67] Um exemplo dessa textualidade litúrgico-poética é a "Invocação à chuva", cujos sons eram entoados com o acompanhamento dos choques entre os bumerangues, na Austrália:

Dad a da da	Ded o ded o
Dad a da da	Ded o ded o
Dad a da da	Ded o ded o
Da kata kai.	Da kata kai.

A referência a Exu e à poesia como força instituinte do sujeito e do mundo tem a função de salientar o fato de que a crise da modernidade (que implica, em parte, a crítica ao triunfo da razão científica sobre o pensamento simbólico, à submissão de nosso habitat ao homo faber, ao fim da ilusão da transcendência em prol do homem que se enraizou num presente de bem-estar material e ao cientificismo como forma privilegiada de explicação dos fenômenos e do modus vivendi do ser humano e do seu ambiente) não resulta, necessariamente, no ostracismo do maravilhoso e do inefável como categorias para percebermos o mundo, o outro e a nós mesmos. Uma certa modalidade de linguagem poética (que, frisamos, se explicita através do modo *Exunouveau*) que se articula sob essa perspectiva não inviabiliza outras formas do discurso poético, inclusive aquelas que se fixaram como experiência racional, antilírica; como experiência escrita ou como experiência do indivíduo, apartada, portanto, da cena coletiva. Essa linguagem poética — imantada pelo furor da origem, que não se viabiliza como discurso de uma religião, embora percorra os labirintos do sagrado — contribui, a meu ver, para a atualização contínua da experiência poética. Isso ocorre porque essa linguagem, aparentemente inacessível, é, no fundo, parte integrante de nossas vivências cotidianas. Ela está no tecido das ações que praticamos e dos discursos que emitimos. Quando insistimos no seu exílio, no seu fracasso, na sua dispersão, estamos, por vias não explícitas, confirmando seu vigor, uma vez que somos, como indivíduos e como coletividades, um mosaico dessas condições. E, mesmo devorados por elas, sobrevivemos.

É, portanto, dessa civilização rota, dessa individualidade claudicante, que se nutre essa poética instituinte: vejamos isso no obituário da poesia, escrito e reescrito, em diferentes épocas, e hoje mais do que nunca, através de argumentos como "poesia não vende", "os leitores de poesia são os próprios poetas", "o mercado valoriza mais a prosa". A poesia instituinte devora sua morte e com ela geramos metáforas imponderáveis, expomos as fraturas dos enunciados, redimimos a linguagem que ruboriza diante daquilo que não pode ser dito. Essa também é a poesia, ou melhor, certa experiência da poesia, que não ergue a cabeça acima de seus pares, porque, sem que estes percebam, ela é a flor-motor de todos os corpos e ambientes.

Em termos estéticos, a poética de Ricardo Aleixo, desde seu livro inicial, *Festim*, editado em 1992, tem se constituído, se quisermos pensá-la a partir de uma expressão metafórica, como um fazer de fazeres que resulta num lugar de lugares.[68] Em termos teóricos, podemos considerar que a atuação do autor em várias áreas de intervenção artística e social — ou, para dizermos como Sebastião Nunes, Aleixo é "poeta, músico, *performer*, artista plástico, pensador e crítico radical da cultura" —[69] implica o aprendizado e a criação de técnicas específicas, com as quais o poeta se habilita a *fazer* o objeto poético (a partir de várias perspectivas da linguagem verbal, sonora, visual e corporal) e, ao mesmo tempo, a transformar esse ato de fazer em reflexão sobre ele próprio. Essa etapa é uma derivação crítica do fazer primeiro e consiste, portanto, num conjunto de obras simultâneas à escrita poética e que se apresenta ao público sob as personae do poeta músico, criador e diretor de performances, crítico literário, artista plástico etc. Desse fazer de fazeres — que viabiliza o contato, em diálogo e em tensão, de diferentes linguagens e temporalidades — desdobra-se uma obra que é um lugar de chegada e um lugar de partida para múltiplas experiências estéticas. Pode-se dizer que Ricardo Aleixo estrutura uma obra de lugares que se configura, enfim, como um lugar de passagem: quem chega e quem parte, quem se volta para refletir sobre o vivido no contato com as linguagens do autor terá gravado em si, como algo a ser transmudado, as vivências de complexas relações estabelecidas entre o evento histórico e a criação estética.

No que diz respeito ao diálogo que Ricardo Aleixo estabelece com a epistemologia iorubá e, particularmente, com o domínio ritual e discursivo de Exu, há que se destacar os poemas inseridos na coletânea *A roda do mundo*, intitulados, respectivamente, "Exu" e "Cine-olho".[70] Comentamos o primeiro poema quando nos ocupamos anteriormente do *Livro de orikis*, de Cláudio Daniel. Se lá apontamos que o poema de Aleixo busca sua consistência no modo *Orfe(x)u*, aqui será preciso abordar a ultrapassagem desse modo, sobretudo porque a construção desse poema nos lança para outros lugares estéticos, além do próprio texto. Comecemos pelo aspecto do texto que tangencia o modo *Orfe(x)u* como anteviu Prisca Agustoni ao afirmar que ele exprime a "aproximação entre fundamentação mítica (Exu) e contexto contemporâneo, urbano (a cena do poema ocorre numa cidade brasileira do século 20)":[71]

> Um
> menino
> não.
> Era
> mais
> um
> felino
> um
> Exu
> afelinado
> chispando
> entre
> os
> carros
> —
>
> um
> ponto
> riscado
> a
> laser
> na
> noite
> de
> rua
> cheia
>
> —
> ali
> para

os
lados
do
Mercado.

Ricardo Aleixo[72]

A análise do poema "Cine-olho", considerando o campo epistemológico que propomos, implica, necessariamente, o retorno à lógica devoradora de Exu. Se o movimento inicial da devoração ocorre em relação ao mundo e à sua posterior devolução, e se tal aspecto se fixa como uma característica seminal de Exu, há que se levar em conta a possibilidade de Exu desdobrar-se sobre si mesmo, como uma força vital que nasce de sua autodevoração e, metaforicamente, como um recurso linguístico de autocrítica. Percebido desse ponto de vista, o poema de Ricardo Aleixo transita do modo *Orfe(x)u* para o procedimento *Exunouveau* quando observamos as estratégias que sustentaram sua criação, ou seja, a inversão da passagem do oriki/ritual ao poema/contextual e o emprego de recursos formais da poesia contemporânea. A primeira delas decorre de uma inversão no processo de escrita do poema que tem como referência os orikis: como vimos nos textos anteriores, em geral, parte-se de um oriki ou narrativa sobre Exu para a escrita do poema. Este, à maneira de um classicismo iorubá, como salientamos, reitera os atributos e as funções de Exu. Nos poemas de transição, acrescenta-se a esse modelo poético elementos de ordem histórico-social, que geram uma interface entre o texto oriki/texto ritual e os textos e fatos contextualizados e eleitos pelo poeta. Nesse caso, nos deparamos com um poema autoral no qual detectamos uma voz particular situada num tempo e num lugar históricos; tal poema funciona como contraponto do oriki/texto ritual. Em entrevista concedida ao poeta e jornalista Fabrício Marques, Ricardo Aleixo aponta para uma inversão do percurso que vai do oriki/ritual ao poema/autoral:

> a cena que motivou [o poema] foi um menino de rua correndo entre os carros, no centro de Belo Horizonte, com uma tal soltura, uma cara de "dono do pedaço" que me remeteu logo a Exu — o mensageiro, o que está sempre onde tem muita gente, onde tem movimento. Pensei, na hora, o quanto aquele menino/felino era mais dono da rua do que eu e outros passantes, todos "simulacros perfeitos de cidadãos".[73]

A partir da entrevista de Aleixo, que nos indica, em parte, o processo de elaboração do poema, percebemos a inversão acima mencionada: na origem de "Cine-olho" está o movimento do menino no cenário tenso das vias urbanas. Não há, aí, o cenário mítico nem a ação dos deuses. Contudo, o "olho armado"[74] do poeta, para nos lembrarmos da expressão de Murilo Mendes, reconfigura a cena cotidiana, colocando-a em diálogo com as cenas rituais da epistemologia iorubá. Por saber quais são as implicações dessa epistemologia, Ricardo Aleixo não hesita em ver no menino o Exu possível, aquele que por ter muitos nomes e atributos pode ser, inclusive, o felino urbano. A segunda estratégia, utilizada na composição de "Cine-olho", nos remete ao percurso poético de Ricardo Aleixo, no qual se destacam o emprego e a reelaboração, segundo sua perspectiva pessoal, de recursos formais e visuais característicos da chamada poesia de vanguarda, em particular o Concretismo. No dizer de Sebastião Uchoa Leite, o "método de composição" de Ricardo Aleixo, "mesmo no nível verbal, já é, em si, visual, em grande parte dos casos, seja pela disposição das linhas no conjunto, seja pela intersecção fonético-visual".[75] A aplicação do método de composição de Aleixo resulta num poema que não se restringe à reiteração dos atributos e das ações de Exu. Antes disso, o poema consiste num lugar onde a interpretação dos atributos de Exu resulta numa obra autônoma. Concorre para isso o emprego das linguagens verbal (a palavra descreve um evento), visual (a forma longilínea do poema alude ao movimento rápido do "Exu afelinado") e vocal (a leitura em voz alta revela um poema-*flash* que capta a fração de um enunciado), e, numa síntese verbivocovisual, pode-se perceber o poema como o desdobramento de uma cena "descrita cinematograficamente".[76]

A análise de "Cine-olho" demonstra que o modo *Exunouveau* se expressa a partir da vivência que o poeta estabelece com a linguagem cotidiana — seja a do menino em movimento, seja a do oriki no ambiente ritual — somada à atividade estética de garimpagem do que há de imprevisível em todas as formas de linguagem. Ao abordar o poema, Prisca Agustoni ressalta que, no plano formal, o poeta "cola" a uma forma ocidental — inclusive marcada pela presença de assonâncias e rimas — um conteúdo extraocidental, que remete ao universo iorubá".[77] A maneira como o poeta dialoga com a tradição constitui um dos eixos que ressaltam a dinâmica do modo *Exunouveau*: é com o "olho armado" para "ver, rever, ver, rever"[78] que Ricardo Aleixo confronta o aqui-agora de sua experiência poética com o acervo da tradição literária iorubá. Dessa aproximação, que é também embate, emerge um poema senhor do seu próprio caminho, isto é, um poema que se resolve na linguagem antes de ser a duplicação de outra linguagem. "Cine-olho", à maneira de Ricardo Aleixo — que segundo Sebastião Uchoa Leite é um poeta "radical a partir de si mesmo" —,[79] se exprime como um poema enxuto na forma e expansivo no conteúdo; similar a outros textos e único em suas proposições. Durante a abordagem de "Cine-olho" não há como não recordar a lógica do + 1, que explicita as pluralidades de Exu, ou seja, Aleixo articulou um poema + 1 que, pela sua originalidade de forma e conteúdo, está apto a desdobrar-se em outros textos, afelinados, em movimento no campo das linguagens.

A análise do poema de Ricardo Aleixo nos permite afirmar que no modo de escrita *Orfe(x)u* o poema autoral procede do oriki ritual, estabelecendo com este uma relação de contiguidade, expressa ora como reiteração explícita dos atributos de Exu, ora como diluição dessa reiteração através da inserção de elementos histórico-sociais na fatura do poema. Por sua vez, a intervenção do modo *Exunouveau* pressupõe uma ruptura com os aspectos determinantes do oriki ritual: dessa perspectiva, Exu se apresenta como um outro além da linhagem preconizada em sua mitopoética, a ponto de tornar-se um estranho para si mesmo. Ou, dito de outra maneira, o Exu que tem em si o princípio do + 1 é recriado pela mão do poeta e se torna protagonista de um sistema de signos e significados — o poema — que se alarga para além do domínio ritual. Assim, tem-se um Exu "guia de Tirésias"[80] ou um "Exu afelinado" — ou seja, um dínamo cultural em processo de reinvenção de si mesmo. Em entrevista concedida ao também poeta Reuben da Rocha, em 2011, Ricardo Aleixo aborda o processo de construção do poema de uma perspectiva que se aproxima, em alguns aspectos, do modo de criação que chamamos de *Exunouveau*.

> Um poema não é senão a constituição de um outro mundo dentro do mundo em que nos empenhamos em ajustar, a cada momento, os termos da nossa presença por aqui. Trata-se de tentar compreender os limites dessa presença nossa no mundo, simples assim. Uma política, sim, na medida em que implica um posicionamento radical diante do que está dado, muitas vezes dado como algo inalterável. O poema "Voz", do meu livro mais recente, *Modelos vivos*, se abre

com o verso "duvidar das palavras/ mas sem prescindir delas", que fala do impasse que se coloca para todos nós que vivemos num tempo, como o de agora, em que todo mundo se ocupa mais em emitir opiniões — só pelo direito de fazê-lo — do que em refletir sobre o peso delas em relação ao palavrório geral. O poeta não tem a menor possibilidade de se colocar alheio a uma tal questão, por razões óbvias. Se todo mundo pode falar e falar e falar, só ao poeta, contudo, é dada a possibilidade de fundar mundos ao falar — mundos estranhos, terríveis, eivados de uma violência que é fundante, que é sempre primeira. [...] Por mais que pensemos na poesia e no poeta como imagens, quando muito, arquetípicas, índices de um mundo para sempre morto, o poeta — ligado, nas culturas do Atlântico Negro, à figura de Exu, o dono da fala — é aquele que detém a última palavra, a primeira.[81]

No discurso metacrítico de Ricardo Aleixo sobressai a compreensão do poema como a articulação de "um outro mundo" que, ao mesmo tempo, se faz a partir de um mundo conhecido: esse aqui e agora atravessado por redes epistemológicas em vias de colisão e também de diálogo. Não por acaso, Aleixo se refere às demandas de Exu, "o dono da fala", com o qual identifica a persona do próprio poeta, e ressalta que em ambos reside a força paradoxal de deter "a última palavra, a primeira". Em linha de convergência com a análise de Aleixo, Prisca Agustoni observa que a poética resultante das relações entre a criação estética e a herança ritual configura uma situação de "semelhança entre o papel de Exu e o papel do escritor que também 'recria o mundo' e é agente transformador da palavra e dos seus sentidos".[82] O que se depreende das relações entre Exu e o poeta, o texto ritual e o poema autoral, é a existência de um jogo de espelhos que confere a ele — o modo *Orfe(x)u* — uma urgência para desdobrar-se em alteridades que riscam a superfície da identidade e dela se nutrem para garantir sua própria autonomia — modo *Exunouveau*.

A constituição de uma consciência crítica (que decorre da análise de questões relativas à historiografia, à antropologia, à sociologia e às demais linguagens artísticas como a pintura, a música, o teatro, o cinema e a arquitetura) contribui para uma intervenção inovadora do poeta, quando do seu contato com um viés epistemológico não dominante. No que se refere ao viés epistemológico iorubá, podemos dizer que uma intervenção à maneira de Ricardo Aleixo, além de subverter o cânone literário (procedimento previsível em face do conhecimento acumulado a partir das ações de avant-garde), se exprime como reinvenção contínua do fazer poético, mediante uma tentativa também contínua de compreendermos "os limites dessa presença nossa no mundo". É, portanto, como o caracol de Exu, em seu movimento espiral, que se entrevê nas intervenções de Ricardo Aleixo uma poética de poéticas ou, segundo os termos que utilizamos, uma demanda de linguagens tensionadas entre os modos *Orfe(x)u* e *Exunouveau*.

De nossa parte, desde a edição do *Livro de falas*, em 1987, temos dialogado com os modos *Orfe(x)u* e *Exunouveau* na expectativa, como já frisamos, de "devolver os mitos com algum sentido a mais, além dos sentidos sagrados que eles possuem no candomblé".[83] A partir da experiência de não iniciado, mas de um sujeito moderno e fragmentado, procuramos "estabelecer uma ligação entre a tradição e a modernidade da cultura afro-brasileira".[84] Para tanto, ao nos valermos de epígrafes, na coletânea *Livro de falas*, indicamos que elas se referiam ao mito original de Exu, embora os poemas, por sua vez, tenham sido articulados para soarem como outra voz, portadora de apelos estéticos autônomos.[85] Ao contrário das notas etnográficas, citadas no livro *Orixás*, de Oliveira Silveira, que fornecem explicações sobre os atributos dos orixás e, de certo modo, orientam a interpretação dos poemas, o que temos no *Livro de falas* é uma relação dissonante entre a epígrafe e o poema. Essa ruptura da contiguidade entre o oriki/texto ritual e o poema autoral se aprofunda à medida que a mão do poeta fragmenta os dados histórico-sociais (vinculados a determinado contexto) e estabelece um domínio semântico hermético, obscuro instável.

Em face disso, a interferência do modo *Exunouveau* no processo criativo implica extrair da epistemologia iorubá um princípio que, segundo Henry Louis Gates, apresenta Ifá como "a metáfora do texto em si mesmo" e Exu como "a metáfora das incertezas da explicação".[86] Através do poema "Visitação" podemos rastrear esse percurso, que, uma vez palmilhado por Pereira e Exu, permanece aberto à passagem de outros viajantes:

> "... Quando o mundo começou, da lama e das águas primordiais surgiu um montículo de laterita vermelha. O sopro de Olorum conferiu-lhe a vida.
>
> Exu se manifesta em tudo aquilo que vem em primeiro lugar..."

VISITAÇÃO
O cavalo das indagações me prostrará. Tua razão e tristeza talvez me reconfortem. O sol ardeu, agora murmura um lamento de chama e nuvem. Tua vida é nunca mas desde sempre pousada no princípio do mundo. O cavalo sou eu e também a sua negação. Tua paz deixa-me apreensivo. Estás na vertigem, tua bagagem de mutáveis espelhos: — ó nem saíste conhecido de pernas falantes.[87]

Ao analisar "Visitação", Maria José Somerlate Barbosa considera o poema, entre outras possibilidades, como um "padê--verbal, uma oferenda conciliatória para homenagear Exu e para lhe pedir 'passagem'".[88] Por seu turno, Prisca Agustoni identifica no texto "uma superposição de papéis e de vozes líricas", "fato que gera uma ambiguidade que remete às características inerentes a Exu".[89] O caráter suplementar das análises anteriores, que realçam a intervenção simultânea dos modos *Orfe(x)u* e *Exunouveau* na composição do poema, nos leva a pensar que a convivência desses dois modos resulta numa expressão poética apoiada na tensão e na dissonância. Vejamos: se a epígrafe, em geral, cria uma cartografia para o texto que a sucede, nota-se, desde o início, que o corpo do poema diz o contrário da epígrafe, abrindo-se para uma inesperada cartografia. Do aspecto axial presente no modo *Orfe(x)u*, que nos remete à reiteração da tradição e que se dá a ver na epígrafe, o corpo do poema desliza para a imprevisibilidade ou a ausência de raízes do modo *Exunouveau*. Diante disso, é pertinente dizer que o corpo do poema desnorteia a epígrafe que deveria norteá-lo em seus movimentos. Numa perspectiva inversa à da epígrafe que cita Exu para chamá-lo ao texto, em "Visitação" a invocação de Exu ocorre para negar sua presença ("O cavalo sou eu e também a sua negação"): daí que, nessa expressão poética da recusa, vislumbra-se Exu onde ele não está, mas onde atua como "o próprio processo de interpretação, a abertura do texto e a multiplicidade de significados".[90]

À maneira de René Magritte, que sob a imagem do cachimbo subscreve "Ceci n'est pas une pipe",[91] sob o poema tecido a partir de Exu, segundo a lógica desenraizante do modo *Exunouveau*, subscrevemos: "Este não é um poema sobre Exu". O que se entrevê, em ambos os casos, é uma crise no processo de representação que salta da relação de contiguidade entre o objeto e o discurso para uma relação de ruptura entre o objeto e o discurso: nessa circunstância, o discurso não esclarece o que é o objeto, mostrando-se refratário à possibilidade de reduzir-se à condição de legenda de outra realidade. Se, no caso de Magritte, essa passagem implica uma violação do pacto entre o discurso e a realidade, que rege o pragmatismo de nossas vivências cotidianas, no caso do modo *Exunouveau* a fissura desse pacto e sua consequente destruição subjazem ao entendimento da vida como um todo. Por isso, Exu — que sendo Lagunã ou Legbá, ou Elegbará ou Agbô etc. não é mas também é Exu — configura-se como um oximoro norteador do não norte, um viajante na antiviagem, um senhor da fala em silêncio à porta da casa.

No poema "Emissários", Pereira vale-se da ruptura à maneira *Exunouveau* para radicalizar a alternância de vozes líricas e dimensões temporais, fato que amplia a autonomia do poema em relação ao oriki. Ou seja, da existência de um roteiro ritual, que permite a intepretação do oriki, o poeta passa à ausência de roteiro, apostando na livre recepção do texto por parte dos seus interlocutores. Essa abertura, que não esconde a utilização de metáforas e elipses que conferem ao poema um maior grau de obscuridade, decorre, em certa medida, da relação estabelecida pelo poeta entre uma linguagem "cifrada, fechada, beirando aos apelos do simbolismo"[92] e a interface cultural que vincula o poema, ao mesmo tempo, aos cenários da epistemologia iorubá. É oportuno frisar que empregamos a noção de obscuridade na acepção de Hugo Friedrich, quando este se refere à lírica europeia do século 19. Esta, segundo o autor, fascina e desconcerta o leitor, uma vez que "a magia de sua palavra e seu sentido de mistério agem profundamente, embora a compreensão permaneça desorientada".[93]

Os interlocutores da poética *Exunouveau*, por certo, terão essa experiência diante de passagens como "y bajo la yagruma está el secreto/ las cabezas el sol y lo que silba/ como único poder del oscuro camino", de Nancy Morejón; "antigamente, muito antigamente, eu tinha uma obturação no peito inferior", de Salgado Maranhão; "Vinham pelos caminhos/ — pele magnética —/ atraídos ao ímã ancestral", de Oliveira Silveira; "um/ ponto/ riscado/ a/ laser/ na/ noite/ de/ rua/ cheia", de Ricardo Aleixo; "Estás na vertigem, tua bagagem de mutáveis espelhos", de Edimilson de Almeida Pereira. Em face do caráter hermético dessa modalidade discursiva, a "junção de incompreensibilidade e de fascinação", ainda de acordo com Friedrich, "pode ser chamada de dissonância, pois gera uma tensão que tende mais à inquietude que à serenidade".[94] Se levarmos em consideração os atributos rituais de Exu, não será difícil perceber o quanto essa lógica da lírica moderna se apresenta como uma roupa bem costurada para ele, porque também se revela propícia para ser descosturada. Vale lembrar que Exu é, simultaneamente, primeiro/último, aberto/fechado, amigo/inimigo, claro/escuro, silente/ruidoso, dentro/fora etc.; é o portador de atributos que uma vez exibidos o tornam fascinante e ameaçador. Por isso, o contato com ele provoca em seus interlocutores mais inquietação e espanto que tranquilidade e certeza. Contudo, como vimos, os procedimentos aparentemente aleatórios de Exu se articulam a partir de um movimento em espiral, ou seja, uma perspectiva de formulação lógica, que permite a elaboração de um campo de significados em expansão. Por isso, não há como apreender Exu fora da experiência da tensão entre o aqui e o agora, o uno e o múltiplo etc., como bem demonstram os relatos e os orikis de sua mitopoética.

A dissonância a que se refere Friedrich — fruto de uma "obscuridade intencional" que culmina, entre outras possibilidades, numa poesia que quer ser "pluriforme na sua significação" —[95] atravessa o modo de escrita *Exunouveau*: mais do que oferecer aos interlocutores um lado das tensões de Exu e de sua respectiva linguagem, esse modo propõe aos interlocutores uma interação com as múltiplas conhecidas-e-desconhecidas faces de

Exu e com suas imprevisíveis formas de linguagem. Trata-se, portanto, de uma experiência que estimula no interlocutor a hesitação e a busca dos significados a partir da interação com o objeto poético. Se pensarmos esse objeto como o poema, é pertinente considerar, como salienta Ricardo Aleixo, que ele é "a constituição de um outro mundo dentro do mundo em que nos empenhamos em ajustar, a cada momento, os termos da nossa presença".[96] No livro *maginot, o*, publicado em 2015, apresentamos o metapoema "ORPHE(X)U/ EXUNOUVEAU", no qual retomamos alguns aspectos das questões aqui mencionadas.

	ORPHE(X)U	EXUNOUVEAU
dupla cabeça do touro acéfalo	não	não
mão ausente adivinhada no calo	não	não
touro macho com tetas: voluta	não	não
adivinho de conchas violadas	não	não
acéfalo com a cabeça a prêmio	não	não
eixo loja de assaltos	não	não
falo entrevisto fauno na pradaria	não	não

rubronegro galo acéfalo	não	não
de crista adivinho do passado	não	não
sua cabeça (boca) que tanto muda	não	não
a cada lapso é outra	não	....
senão a fala em estado de fábula	.... não	não[97]

No poema "Cine-olho", de Ricardo Aleixo, a disposição espacial do texto é relevante, pois representa em seu corte vertical a ação-flecha do menino-Exu-afelinado. Não há excessos nos aspectos de forma e conteúdo do poema, embora em sua economia aparente o poema nos remeta a um vasto mundo de símbolos estéticos e práticas culturais. Por sua vez, o espaço no poema "ORPHE(X)U/ EXUNOUVEAU" também subjaz como um agente que nutre o domínio da linguagem verbal: colocados lado a lado, os dois modos de percepção estética, a partir da epistemologia iorubá, nos remetem aparentemente a uma relação de forças dicotômicas, tal como já demonstramos. Contudo, o que parece um poema-síntese da dicotomia *Orfe(x)u/ Exunouveau*, disposta gráfica e conceitualmente, é, de fato, um poema-tese proposto como uma peça que confronta outros modelos estéticos e se dispõe para ser, igualmente, contestado. Sob esse aspecto, o poema "ORPHE(X)U/ EXUNOUVEAU" inscreve-se numa prática poética que, segundo Maria José Somerlate

Barbosa, demonstra interesse em decifrar os "nós 'selados'" e "o canto 'cifrado' das coisas, pessoas, memória e tradição", embora o resultado dessa busca seja a consciência, para o poeta, de que cada "resposta se desdobra em outra pergunta".[98] Em "ORPHE(X)U/ EXUNOUVEAU" a atenção para os dois lados do poema nos remete a um jogo onde se confrontam a *afirmação/ contiguidade/ Orfe(x)u* e *a negação/ ruptura/ Exunouveau*.

Todavia, no segundo elemento dessa equação, articulam-se práticas e valores inclinados à vivência e à expressão do imprevisível. Dessa inclinação *Exunouveau* ergue-se uma ponte para um lugar de passagem, ou passagem intermediária, atravessado pela dor da história (traduzida na trágica experiência da "Middle Passage"[99] de negros e negras retirados à força de seus territórios) e da escrita (evidenciada pelo incerto trabalho do poeta para encontrar na linguagem o suporte de compreensão dos fenômenos históricos e estéticos). No poema intitulado "Família lugar", do livro *A roda do mundo*, editado em parceria com Ricardo Aleixo, ao se apoiar numa poética derivada, desta vez, de uma epistemologia de matriz banto, Edimilson Pereira explicita uma passagem do meio, que corta o poema para sugerir uma lógica de vida e pensamento capaz de ultrapassar o modus operandi das dicotomias.

> Um rio não divide
> duas margens.
> O que se planta nos lados
> *é que o separa.*[100]

Ao cotejarmos os poemas "ORPHE(X)U/ EXUNOUVEAU" e "Família lugar", observamos que a ênfase dada às margens e/ou aos lugares que acentuam o caráter de contiguidade de ambos — fato permitido pela centralidade do espaço medial em branco e/ou rio — termina, em certo sentido, restringindo a percepção do que se constrói como sentido no lugar de intersecção. Lugar este que contém um pouco de cada uma das margens, mas que se afirma, no fim das contas, como um lugar autônomo, tensionando-se com outros lugares a partir de seus aspectos específicos e não facilmente nomeáveis. O modo *Exunouveau*, conforme vimos percebendo, articula-se como um lugar de lugares, para nos lembrarmos desse conceito desenvolvido a propósito da poética de Ricardo Aleixo. Por seu dinamismo, esse lugar questiona os sentidos gerados a partir dele, afirma e nega a si mesmo, como bem sugere a pulsão dialética de Exu. Desse lugar procede uma poética cuja forma é deslizante e cujos significados — transidos de recusa — esvaziam-se para, em seguida, engravidar-se de novos significados. Um exemplo desse dinamismo, *Exunouveau* pode ser observado no poema "um no inverno, dois no verão", de Ronald Augusto:

> Valeu a pena esperar,
> Mergulhado na sombra quase gélida,
> Até ver o sol outra vez aparecer, caindo,
> Nesse espaço entre a copa e
> O horizonte mal delineado,
> Com sua chama exausta. Em boa hora.

✷

> sexta-feira
> entrei nas águas de gamboa com minhas guias
> uma rubro-negra, de exu
> a outra de oxalá, guia branca
> do dono do pano branco

então veio uma onda, era uma vez,
que levou engolindo a guia de exu
o que desamarra os caminhos
mas não esses fluctissonantes
da alvura praieira de oxalá

*

gamboa, passada a hora do almoço
um sol de acácias

o pestanejar do arvoredo
arranha em vão o bafo da tarde

à distância cicia a brancura do mar [101]

O poema, em sua disposição gráfica, apresenta três cenários separados por asteriscos. É possível considerar cada cenário como um poema autônomo e/ou o conjunto como um poema único no qual o primeiro e o terceiro cenários se fixam à maneira de duas margens, enquanto o segundo cenário se interpõe, como um eixo de interconexão, entre os demais. A economia de movimentos dos cenários 1 ("Valeu a pena esperar") e 3 ("à distância cicia a brancura do mar") — que, em nossa linha de interpretação, nos reenvia ao modo *Orfe(x)u* — articula a fruição de vários movimentos, que se encontram no cenário 2 e/ou intermediário: "entrei nas águas da gamboa"/ "então veio uma onda". Não por acaso, Exu e Oxalá estão instalados nessa passagem do meio, permeada por alusões e provocações aos modelos de vida enrijecidos. A partir das referências à guia rubro-negra do senhor dos caminhos e à guia branca do senhor do pano branco — que nos reenviam aos atributos rituais das divindades —, Ronald Augusto nos oferece um poema à *Exunouveau* no qual se destaca a ruptura de paralclismos formais (por exemplo, onde esperamos a sequência "guia rubro-negra, de exu/ guia branca de oxalá" somos surpreendidos por uma desordenação ou nova articulação, expressa na sequência: "uma rubro-negra, de exu/ a outra de oxalá, guia branca") e de proposições epistemológicas (por exemplo, quando imaginamos a calmaria depois do embate das ondas com as guias, percebemos que Exu, o engolidor de tudo, é engolido pelas ondas, e que Oxalá, o apaziguador das incertezas, impõe-se através de seus "fluctissonantes da alvura praieira" como a expressão do enigma e do mistério.

A intervenção poética de Waldo Motta, autor do livro *Bundo e outros poemas*, nos permite observar, uma vez mais, o tensionamento entre a reiteração do oriki ritual e a instauração de um poema gerado a partir das interpretações que o poeta estabelece para essa tradição. A leitura do poema de Motta demonstra que o fato de conhecermos o funcionamento do modo *Orfe(x)u* constitui um fator importante para analisarmos a lógica do modo *Exunouveau*, que ao se nutrir da tradição a desconstrói para, simultaneamente, colaborar para que ela não desapareça.

NO CU
DE EXU
A LUZ[102]

Para desdobrarmos os comentários anteriores, é pertinente chamarmos à cena algumas proposições sobre o senso comum. No dizer de Clifford Geertz, o senso comum consiste num elemento que nos orienta na busca de sentido para a vida e, em seu aspecto conservador, se impõe como uma "simples aceitação do mundo, dos seus objetos e dos processos exatamente como se apresentam, como parecem ser".[103] O poema de Waldo Motta, lido a partir desse aspecto do senso comum, nos leva a considerar, num primeiro momento, os índices simbólicos que se destacam em cada uma das linhas do poema (cu/ exu/ luz) e seus significados mais evidentes: os apelos do substantivo *cu* são acionados, de imediato, pelos sentidos de obscenidade e interdito que tornam essa parte do corpo um lócus marcado, ao mesmo tempo, pelo desejo e pelo medo, pela atração e pela repulsa. O cu, entre outras acepções derivadas dessa lógica, é o lugar que sendo ocultado e procurado, simultaneamente, sintetiza a noção de um corpo enigmático, a partir do qual nos tornamos identificáveis. É em relação a esse mesmo corpo — inteiro e fracionado/ livre e aprisionado/ conhecido e estranho — que o sujeito experimenta sensações contraditórias e tende a apreendê-lo, em alguns casos, como uma metonímia do mundo, ou seja, uma parte na qual se vislumbra o todo. Por sua vez, os apelos relacionados a Exu não se distanciam tanto das acepções anteriores. Como vimos, a divindade dos caminhos existe a partir de suas contradições que são, em certa medida, as do próprio ser humano. Aclamado e repudiado, lembrado e esquecido, Exu se destaca como a potência sem a qual o mundo e o ser humano não se sustentariam. Assentado em seu lugar velado, Exu tem por analogia, com o cu, a possibilidade de ser mais do que aparenta ser. É, portanto, na condição de enigmas, que ambos tensionam o sujeito, colocando-o numa situação de constrangimento e liberdade, de revelação e ocultamento; nessa mesma situação, o sujeito experimenta uma perspectiva de sentido que, paradoxalmente, o move e o imobiliza. Por fim, na luz reside a lógica de explicitação do enigma, seja ele o cu ou Exu, o cu de Exu ou o cu do mundo: o esplendor projetado de dentro do enigma se apresenta como uma esperança para o sujeito angustiado, quando este percebe que o túnel obscuro pode gerar sua própria luminosidade.

De volta à análise de Geertz sobre o senso comum, podemos seguir a trilha que o considera como uma força pragmática a partir da qual o sujeito se dispõe a atuar sobre o mundo "de forma a dirigi-lo para seus propósitos, dominá-lo ou, na medida em que se tornar impossível, ajustar-se a ele".[104] Considerando esse aspecto, é possível buscar no poema de Waldo Motta outras possibilidades de significado, se levarmos em conta a emergência do modo *Exunouveau* na constituição do texto. Contudo, é oportuno salientar que o aspecto não conservador do senso comum, relacionado simetricamente às proposições do modo *Exunouveau*, não garante ao sujeito a segurança de trazer para junto de si os significados dos fatos, dos objetos e das ações consagrados pelo meio social. Ao contrário, esse aspecto e o modo *Exunouveau* depositam no sujeito a responsabilidade pela construção de outro conceito de mundo. Em consonância com o que já foi dito sobre o modo *Exunouveau*, o micropoema de Waldo Motta pressupõe a obscuridade como núcleo de expansão dos significados do texto, ou seja, mais do que a aceitação da leitura do senso comum conservador, o poema estimula o sujeito a mergulhar no enigma para alimentá-lo com outras indagações e não necessariamente para decifrá-lo.

Essa proposição demonstra que a competência do poema para provocar reações pode ser compartilhada com a competência do sujeito para adaptar-se aos deslocamentos de sentido do mundo. Isso se entremostra quando recordamos que Exu faz da fala — e das imprevisíveis reverberações da fala — um de seus atributos mais expressivos. É a partir desse atributo que se articula o poema de Waldo Motta: sendo um lance de fala conciso e lancinante, o poema atravessa o campo de percepções do sujeito, provocando-o a perseguir os rastros do enunciado. A fala de Exu, momentaneamente impressa, nos remete à advertência de Barthes, para quem "a fala é sempre tática;

mas, passando para o escrito, é a própria inocência dessa tática, perceptível para quem sabe escutar, como outros sabem ler, que apagamos".[105] Diante disso, a afirmação "NO CU/ DE EXU/ A LUZ" não é senão um traço inscrito entre outros possíveis, que subjazem às relações da mitopoética de Exu com os processos criativos individuais. À maneira de Ricardo Aleixo no poema "Cine-olho", Waldo Motta reencena o desafio de explicitar o que se diz (a gama de significados) e o como se diz o indizível (as reverberações de Exu). Não por acaso, os dois poemas são marcados pela imagem de algo que os atravessa como um *flash*. Seja como "um/ponto/riscado/ a/ laser", seja como um feixe de "luz", como escrevem, respectivamente, Aleixo e Motta, o fato é que os sentidos atribuídos a Exu e ao próprio poema, considerando-se a lógica do modo *Exunouveau*, se instauram a partir da fluidez e do deslocamento. Pode-se dizer, nesse caso, que a tática deslizante da fala perturba a aparente segurança da escrita e, à maneira de Exu, transforma o poema num devir, ou seja, numa realidade a ser continuamente redescoberta através dos processos de interpretação.

É oportuno mencionar aqui dois poemas, respectivamente de Jorge de Lima e Domício Proença Filho, que fazem um contraponto ao tensionamento verificado nas dicções de Ricardo Aleixo, Ronald Augusto e Waldo Motta no que se refere ao diálogo com a mitopoética de Exu. Trata-se, inicialmente do poema "Exu comeu tarubá", de Jorge de Lima,[106] e sua proposição de um movimento que se molda lenta e repetidamente. Ao contrário dos poemas de Aleixo, Augusto e Motta, nos quais o tempo da espera funciona como um impulso para um tempo de muitos movimentos, no texto de Jorge de Lima todo o tempo é um mesmo tempo, que resulta numa sensação de inércia premeditada. O atributo dinâmico de Exu — invocado no instante de devoração da oferenda — é domesticado pela reiteração do verso "O ar estava duro, gordo, oleoso", em quatro etapas do poema. Após a repetição desse verso tem-se a inserção de um novo personagem e de um novo conjunto de ações. Contudo, esses personagens e essas ações estão envolvidos pela ideia do mesmo, ou seja, estão circunscritos à noção de um tempo/espaço que parece não mudar.

Outro exemplo da nomeação de Exu como sujeito do movimento e a posterior restrição de sua mobilidade no âmbito estético pode ser visto no livro *Dionísio esfacelado*, de Domício Proença Filho.[107] O poeta apresenta o poema intitulado "Xirê", no qual reduplica a ordem ritual de entrada dos orixás no terreiro. O primeiro a descer é Exu, seguido de Ogum, Odé, Obaluaiê, Omolu, Queté, Nanã Barokê, Obá Syon, Euá, Ibeje, Oxum, Iemanjá, Xangô e Oxalá. Essa proposição poética espelha a prática ritual dos devotos e as descrições das casas de santo citadas, com algumas variantes, em ensaios de antropologia, sociologia e etnografia. O diálogo entre o discurso poético e o discurso das ciências sociais se completa quando, ao final do volume, Domício Proença Filho indica um "Glossário opcional" que, à maneira das notas etnográficas, auxilia os interlocutores na interpretação da poética derivada da epistemologia iorubá subjacente aos poemas. Outra referência a Exu aparece no poema "Oração do corifeu";[108] em meio à invocação aos demais orixás, o poeta ressalta o atributo dinâmico de Exu Tranca Rua, que "açula falanges".[109]

O poeta baiano Sosígenes Costa (1901-68), em seu poema "Dudu Calunga", apresenta uma cena ritual na qual, à maneira de Domício Proença Filho, a intervenção de Exu e dos outros orixás dita o ritmo da linguagem poética. Veja-se o seguinte excerto: "Ora vejam só!/ Dia de Xangô,/ festa de Xangô./ Dia de Iemanjá,/ festa de Iemanjá./ Dia de Nanã,/ samba na macumba/ com qualiquaquá/ [...] Se é de Exu a cousa/ é melhor não vir,/ antes não chegar./ Se é Dudu Calunga,/ que apareça já".[110] José Carlos Limeira, no poema intitulado "Para confundir tudo", reitera o caráter polimórfico de Exu e a força de sua intervenção na vida dos devotos: "E tu Exu, estando acima de ódios ou vinganças,/ Deves ter levado os teus nas asas dos condores quiçá/ Abutres gigantes/ Ao universo verso da imortalidade...".[111]

O contraste entre os procedimentos adotados em poéticas de autores como Ricardo Aleixo, Ronald Augusto e Waldo Mota, por um lado, e em poéticas de autores como Jorge de Lima e Domício Proença Filho, por outro, realça o fato de que os modos de escrita *Orfe(x)u* e *Exunouveau* vêm se firmando como tópos literários à medida que um conjunto de obras, impulsionado pela ação de poetas de diferentes gerações e latitudes, articula-se e ganha espaço na ampla cena literária da diáspora negra. Esse conjunto de obras tem interagido, por aceitação e/ou por recusa, com o cânone literário estabelecido, em geral, e com outras textualidades, em particular, entre elas as produções nas áreas do teatro, da música, do cinema e das artes plásticas. No modo *Orfe(x)u*, nota-se a vinculação do discurso poético a uma vigorosa herança barroca (na qual a contradição e a tensão podem ser redimensionadas numa linguagem de síntese que incorpora o paradoxo); no modo *Exunouveau* percebe-se a viabilidade de articulação do discurso poético a partir da angústia maneirista (na qual o impasse se impõe como um risco que nos conduz à aporia). Contudo, as bases da epistemologia iorubá incorporam a aporia como linguagem e visão de mundo em aberto, restringindo o alcance da lógica de que o mundo e o sujeito só existem para determinada finalidade. Ao contrário, é na angústia, na passagem, na travessia — portanto, nas encruzilhadas — que o tópos *Exunouveau* se estabelece como uma permanente possibilidade de criação de formas e significados.

Considerações finais

O presente ensaio faz jus a esta terminologia em vista da contradição intrínseca que o sustenta, qual seja: ao mesmo tempo que demonstramos a pertinência de duas modalidades de escrita — *Orfe(x)u* e *Exunouveau* —, derivadas do campo epistemológico iorubá, e insistimos no fato de que não são estanques ou imutáveis, não há como negar a possibilidade de elas virem a se cristalizar como padrões literários. Isto é, como modelos em direção aos quais deveriam caminhar as dicções poéticas tecidas a partir das matrizes afrodiaspóricas. Diante dessa perspectiva, que pode se tornar viável, como vimos durante a análise de um corpus poético específico, é necessário reafirmar que nos apoiamos no caráter multifacetado e polimórfico de Exu, avesso à fixação de padrões ou modelos, para concebermos modalidades estéticas de escrita cujos contornos são mais ou menos estáveis.

Ao considerar a existência de uma provável função para a antropologia interpretativa, Clifford Geertz observa que ela consistiria em nos reensinar constantemente o fato de nos vermos, "entre outros, como apenas mais um exemplo da forma que a vida humana adotou em um determinado lugar, um caso entre casos, um mundo entre mundos".[1] Por analogia, as poéticas projetadas a partir das modalidades de escrita *Orfe(x)u* e *Exunouveau* se nutrem do aprendizado de sua fugacidade, o que significa dizer que lutam contra o enrijecimento das experiências estéticas. Por isso, a apreensão que cada poeta realiza da mitopoética de Exu pode ser considerada como uma forma entre outras formas, uma interpretação entre outras, num processo contínuo de transformação característico do senhor dos ardis. A essa evidência — que parece inviabilizar a proposição de um modelo teórico em franca contradição com a base cultural que o sustenta, isto é, a mitopoética de Exu — somam-se outros aspectos não menos inquietantes a saber:

1. o escasso aproveitamento das matrizes culturais afrodiaspóricas por parte de autores e autoras da literatura brasileira;
2. a reduplicação de estereótipos e visões superficiais dessas matrizes, quando calha de serem tomadas como referências para a escrita literária;
3. a preponderância de vozes masculinas no que diz respeito ao diálogo com a epistemologia iorubá, em particular, com a mitopoética de Exu;
4. a prevalência, sobretudo no ambiente da literatura letrada do país, de uma predisposição que "aceita" a mitopoética de Exu como um subproduto estético, folclorizado;
5. a percepção incipiente das poéticas derivadas das epistemologias banto e iorubá como fontes suplementares para a articulação das teias poéticas estendidas através dos territórios da afrodiáspora.

Se analisarmos os aspectos acima a partir de um olhar crítico, que busca na experiência poética sua dimensão experimental e dialógica, podemos considerar, respectivamente, que

1. um continente literário, forjado no âmbito da chamada literatura brasileira, permanece pouco conhecido entre nós: a consequência imediata desse fato é a predominância de uma ideia de literatura brasileira marcada pelo sinal de menos, em detrimento de uma literatura com sinal multiplicador que se mantém à espera de ser revelada por autoras/autores interessados em dialogar com um público situado dentro e além das fronteiras da nação;
2. a abertura do sujeito da escrita a novas percepções estéticas contribuirá para uma melhor apreensão dos processos de conhecimento gerados nos territórios da afrodiáspora: a par dessa percepção, desde dentro, das elaborações conceituais e práticas afrodiaspóricas, entendemos que é possível cultivar outro modus vivendi para nos relacionarmos com as heranças culturais afrodescendentes e suas correlatas;
3. a atuação de vozes femininas no aproveitamento estético das matrizes afrodiaspóricas é mais do que um mero contraponto aos dizeres dessas matrizes sob o ritmo de vozes masculinas: trata-se de uma perspectiva crítico-criativa — com grande potencial de renovação de formas e conteúdos estéticos — a ser ampliada, uma vez que entre os tecidos da epistemologia iorubá o logos feminino adquire forma e sentido através de Iemanjá, Nanã, Iansã, Oxum, entre outras divindades. Além desse aspecto, os desdobramentos rituais de Exu em um logos feminino (explicitado através de entidades como a Pomba-Gira, por exemplo) estão à espera das intervenções de vozes femininas, com uma frequência maior, a fim de viabilizar sua reinvenção no âmbito da poesia e da prosa contemporâneas;
4. o entendimento da práxis literária para além da linguagem verbal e sua impressão na página viabiliza e estimu-

la a apreensão estética da epistemologia afrodiaspórica: articulada a partir da lógica da performance, essa epistemologia — que exemplificamos através da mitopoética de Exu — convoca o corpo e seus movimentos, o verbo e suas sintaxes, o som e suas ranhuras para um contínuo fazer-e--refazer-se de formas e sentidos: essa práxis literária (exu--tirésias/ exu-macunaímica) relaciona-se aos modelos literários, quaisquer que sejam, para indagar aos sujeitos da escrita sobre o que ainda há para ser experimentado além do que chamamos, há séculos, de literatura.

5. a compreensão restrita, até o momento, das epistemologias de procedência banto e iorubá nos contextos culturais brasileiros tem nos impedido de considerá-las como uma fonte suplementar à modalidade discursiva da poesia negra vinculada, com as necessárias proposições, ao engajamento político-social.[2] Longe de estabelecer uma mera oposição entre essas perspectivas, salientamos a riqueza do jogo que pode ser estabelecido a partir das tensões que elas suscitam entre si e na cena literária brasileira. Para tanto, apontamos as possibilidades de diálogo da poesia negra engajada com as proposições epistemológicas iorubás e seu respectivo recorte através da mitopoética de Exu. Reiteramos intencionalmente, neste ensaio, o texto crítico que inserimos no estudo *A saliva da fala: notas sobre a poética banto-católica no Brasil*. A existência de linhagens poéticas derivadas das epistemologias banto e iorubá — para além do viés politicamente engajado — nos desafia a entender os mecanismos estéticos que tais epistemologias nos propiciam. O substrato filosófico e os recortes verbivocovisuais que dinamizam, respectivamente, as poéticas de matriz banto e iorubá atravessam, com maior ou menor intensidade, as obras de diferentes autores e autoras. Além dos no-

mes já citados neste ensaio, há que se destacar a poética de Heleno Oliveira[3] — poeta em trânsito entre o Brasil e a Europa — e as poéticas em processo dos contemporâneos Marília Floôr Kosby, Gwellwaar Adún e Dú Oliveira.[4] A teia dessas vozes poéticas demonstra a vitalidade dos campos epistemológicos mencionados, devendo-se levar em conta o quanto há para ser revelado de suas constituições, bem como os diálogos que podem estabelecer com outros repertórios culturais.

A lógica dos modos *Orfe(x)u* e *Exunouveau* decorre das tensões e das contradições histórico-sociais que perpassam o modus vivendi dos sujeitos que participam dos processos das diásporas africanas. E, como demonstramos, é na teia de significados em construção — em termos de vivência concreta ou de projeções simbólicas — que se definem os modelos mencionados, bem como a crítica à sua permanência: em outros termos, esses conceitos valem por sua força de prospecção, razão pela qual buscam diálogo para além das searas da literatura escrita. Se no discurso poético os modos *Orfe(x)u* e *Exunouveau* podem ser empregados em prol de uma poética da diversidade e de uma percepção do poético como ato performático — para dialogarmos com Édouard Glissant — não estaria fora de cogitação inclinarmos esse olhar *Orfe(x)u/ Exunouveau* em direção a outros setores de criação como o teatro, a música, a pintura, a arquitetura, o cinema etc. Um exemplo dessa possibilidade está esboçado em obras como *Cena em sombras*, de Leda Martins (a partir da qual se prospecta uma práxis teatral realizada nas fronteiras ou em outro lugar discursivo, entre a cena ritual e a cena crítico--criativa), e *O teatro negro em perspectiva: dramaturgia e cena negra no Brasil e em Cuba*, de Marcos Antônio Alexandre (no qual, entre outros temas importantes, o autor analisa "o teatro negro e os seus diversos lugares de enunciação" e a presença de uma "corporeidade negra" na cena contemporânea).[5]

As proposições estéticas *Orfe(x)u/ Exunouveau* — embora nos levem a pensar, de maneira restrita, nas mitopoéticas iorubás como repertório de temas para a escrita criativa — constituem, além disso, uma configuração crítico-filosófica a partir da qual podemos apreender o mundo considerando, sobretudo, seus nódulos de tensão. Os atributos rituais de Exu oferecem-nos a possibilidade de considerarmos o tensionamento como o ponto privilegiado da experiência poética; nesse ponto, o ruído e o atrito se explicitam como formulações estéticas que podem ser apreendidas, embora já estejam, nesse mesmo instante, em processo de mutação. Tal como Exu, que ao chegar está partindo, o poeta que se vale dos modos *Orfe(x)u/ Exunouveau* se habilita a tecer o poema para, no fundo, interessar-se pelo poema outro que surgirá desse poema inicial reinventado, através do tempo, nas leituras de terceiros.

Ou, percebido de outro ângulo, tal como Exu, o poeta desmonta hoje o poema que, à maneira de uma pedra, atirou ontem. Sob esse jogo de fazer-desfazer, articula-se a imagem do poeta incompleto — não porque lhe faltam os meios convencionais da escrita poética, mas porque lhe sobram os atributos dos modos *Orfe(x)u/ Exunouveau*, quais sejam, o trabalho com a palavra ritual para descobrir nela seu elo com as experiências indizíveis do ser humano; o aguçamento da consciência para apreender na palavra a fratura de que somos feitos, mais do que uma utópica totalidade; a defesa permanente da liberdade de experimentação estética e da compreensão da poesia como uma forma de pensamento. Ao atravessar a fenda existente entre a mitopoética de Exu e sua presença na poética individual dos poetas contemporâneos, os procedimentos de criação *Orfe(x)u/ Exunouveau* nos mostram que é possível ir além da própria fenda e, por fim, realizar um encontro do sujeito consigo mesmo. Ao escrever essa viagem que devassa o visível, o poeta e a poeta instauram uma poesia física, dotada de intenso sentido de corporeidade e, ao mesmo tempo, de intensa vontade de ultrapassar as vigas do corpo. É nessa passagem que o poeta e a poeta se descobrem um "eu" na iminência de se converter na diferença de si mesmos. Trata-se, portanto, de ser mais do que um "outro" humano, já que está em jogo a possibilidade de existirmos nos desdobramentos da fala, das coisas e dos seres. A linguagem poética que celebra esse mergulho, como demonstram os poemas analisados neste livro, revela-se imprevisível em suas formas e significados a fim de apontar os enigmas de uma genealogia na qual comungam o humano e o divino, o tradicional e o contemporâneo, o permanente e o transitório. Ou, como também salientamos, para celebrar no domínio da escrita um modus vivendi que deriva da mitopoética de Exu e nos lega, entre outros bens, a capacidade para apreendermos o poético como um fenômeno denso, cerzido na tensão entre as arestas.

Agradecimentos

Em sua forma original, o presente ensaio foi apresentado à Faculdade de Letras (FALE) da Universidade Federal de Juiz de Fora (UFJF) como requisito para promoção à Classe/denominação E/ Titular na carreira de magistério superior no Departamento de Letras (DLET), na área de estudos literários. Participaram da banca de avaliação as professoras doutoras Maria Esther Maciel (Universidade Federal de Minas Gerais), Neiva Ferreira Pinto (Universidade Federal de Juiz de Fora), Zilá Bernd (Unilasalle, RS) e o professor doutor Wilberth Salgueiro (Universidade Federal do Espírito Santo). À distinta banca meus agradecimentos pelas críticas e pelas observações que conferiram maior consistência às análises aqui desenvolvidas.

Esse trabalho foi realizado graças ao apoio institucional da Universidade Federal de Juiz de Fora (UFJF) e da Faculdade de Letras (FALE), onde me licenciei em letras, habilitação em língua portuguesa e suas respectivas literaturas, no ano de 1986. Três décadas depois, na condição de docente dessa casa, reitero meus agradecimentos à UFJF e à Faculdade de Letras dirigindo-me à professora doutora Neiva Ferreira Pinto (Diretora da FALE), ao professor doutor Rogério de Souza Sérgio Ferreira (vice-diretor), ao professor doutor Fábio da Silva Fortes (chefe do Departamento de Letras), à professora doutora Ana Paula Grillo El-Jaick (vice-chefe do Departamento de Letras), à professora doutora Aline Alves Fonseca (coordenadora do curso de licenciatura em letras integral), ao professor doutor Anderson Pires da Silva (coordenador do curso de licenciatura em letras noturno), à secretária Maria Lúcia Vieira da Cruz, aos funcionários técnico-administrativos sr. Joel João de Souza, sra. Sônia Maria Ferreira de Mattos, sra. Elza Regina Cisne Lemos, sr. Carlos Roberto Esterce do Nascimento Júnior e à discente Silvana de Paula Castro, monitora da disciplina estudos comparados em literaturas africanas de língua portuguesa. Ciente da importância das instituições públicas de ensino superior no processo de construção de uma sociedade brasileira mais justa e democrática, reafirmo meu compromisso com um projeto de educação pública, gratuita e de qualidade, a exemplo do que vem sendo desenvolvido pelos docentes, pelos funcionários técnico-administrativos e pelas instituições acima mencionados.

Notas

INTRODUÇÃO [PP. 11-5]

1. Este texto foi inicialmente apresentado à Faculdade de Letras (Fale) da Universidade Federal de Juiz de Fora (UFJF) para promoção para classe/denominação E/titular na carreira de magistério superior no Departamento de Letras (DLET), na área de Estudos Literários.

2. Prisca Agustoni, *O Atlântico em movimento: signos da diáspora africana na poesia contemporânea de língua portuguesa*. Belo Horizonte: Mazza Edições, 2013, p. 113.

LUGARES DE FALA DA AUTORIA AFRODESCENDENTE NO BRASIL [PP. 17-65]

1. Frantz Fanon, *Os condenados da terra*. Rio de Janeiro: Civilização Brasileira, 1979, p. 274.

2. Nélson Werneck Sodré, *O ofício de escritor: dialética da literatura*. Rio de Janeiro: Civilização Brasileira, 1965, p. 9.

3. Machado de Assis, *Memórias póstumas de Brás Cubas*. In: Machado de Assis, *Obra completa*. Rio de Janeiro: Nova Aguilar, 2006, p. 516.

4. Em Clóvis Bulcão, "Uma Habsburgo nos trópicos". *Revista de História da Biblioteca Nacional*, Rio de Janeiro, n. 107, ago. 2014, pp. 18-9.

5. Vinicius de Moraes, *Para uma menina com uma flor: 1966*. São Paulo: Companhia das Letras, 2009, pp. 61-2.

6. Gilberto Freyre, *Manifesto regionalista*. Disponível em: <http://www.ufrgs.br/cdrom/freyre/freyre.pdf>.

7. Jacques Lambert, *Os dois Brasis*. 7. ed. São Paulo: Companhia Editora Nacional, 1972. p. 29.

8. Roger Bastide, *Brasil, terra de contrastes*. 4. ed. Trad. de Maria Isaura Pereira Queiroz. São Paulo: Difusão Europeia do Livro, 1959, p. 10.

9. Um exemplo desse tipo de registro encontra-se na obra de Francis de Castelnau, *Entrevistas com escravos africanos na Bahia oitocentista*. Trad. de Marisa Murray. Rio de Janeiro: José Olympio, 2006.

10. Abordamos essa questão no artigo "Territórios cruzados: relações entre cânone literário e literatura negra e/ou afro-brasileira", em Edimilson de Almeida Pereira e Robert Daibert Jr. (Orgs.), *Depois, o Atlântico: modos de pensar, crer e narrar na diáspora africana*. Juiz de Fora: Ed. UFJF, 2010, pp. 319-49.

11. Ver "Um cartel de desafio — resposta às propostas de rendição dos holandeses", carta de Henrique Dias, em Edison Carneiro, *Antologia do negro brasileiro*. Rio de Janeiro: Edições de Ouro, s/d, p. 82.

12. Em Edward Lopes e Eduardo Peñuela Cañizal, *O mito e sua expressão na literatura hispano-americana*. São Paulo: Duas Cidades, 1982, p. 12.

13. Em Joel Rufino dos Santos, *O que é racismo*. 8. ed. São Paulo: Brasiliense, 1985, p. 23.

14. Sobre o "efeito literário da Negritude" (sobretudo nos domínios da temática, da semântica e da rítmica) na trajetória dos autores vinculados a esse movimento, ver Benedita Gouveia Damasceno, *Poesia negra no modernismo brasileiro*. Campinas: Pontes, 1988, p. 25.

15. Stanislas Spero Adotevi, *Négritude et Négrologues*. Bordeaux: Le Castor Astral, 1998, p. 18.

16. Dentre as obras da Poesia Negrista, destacam-se: *Motivos de son* (1930) e *Sóngoro cosongo: poemas mulatos* (1931), de Nicolás Guillén; *Cuaderno de poesía negra* (1934), de Emilio Ballagas; *Tuntún de pasa y grifería* (1937), de Palés Matos.

17. Sobre as representações da mulher negra e mestiça em diferentes contextos literários da América Latina, levando-se em conta, dentre outros recortes, o romance antiescravista, em Cuba, a presença da mulher como símbolo da nação moderna e tema da música popular, ver Prisca Agustoni, *Le jardin sans paons: idéalisations et conflits dans la représentation de la femme noire et métisse dans la littérature latino-américaine — 1920-1940*. Genebra: Université de Genève/ Université de Lausanne, 2002.

18. Sobre as relações entre a negritude e os autores afro-brasileiros, ver Benedita Gouveia Damasceno, op. cit.

19. Sobre a articulação da voz do "eu enunciador negro", ver Zilá Bernd, *Introdução à literatura negra*. São Paulo: Brasiliense, 1988, pp. 47-50.

20. Edimilson de Almeida Pereira, "Territórios cruzados: relações entre cânone literário e literatura negra e/ou afro-brasileira", op. cit., pp. 329-30.

21. Para uma abordagem dos modos como as autoras negras, em diferentes latitudes, traduzem nos seus textos literários seus contextos histórico-culturais, ver o artigo de Felipe Fanuel Xavier Rodrigues, "(Re)tradução intercultural de literatura afrodescendente e seus contextos". *Palara*, n. 19, 2015. Nesse artigo, ao comparar as obras de Mãe Beata de Yemanjá (Brasil) e Maya Angelou (Estados Unidos), Rodrigues observa que, apesar "de a ancestralidade de ambas ser proveniente da África, a realidade de cada uma delas exige consideração quanto às suas especificidades, razão pela qual as formas culturais locais são comparadas com a devida atenção à sua história própria" (p. 42). Ainda sobre a análise comparativa das obras de duas autoras afrodescendentes no Brasil e nos Estados Unidos, ver o artigo de Stelamaris Coser, "Dores negras, culturas híbridas: Conceição Evaristo e Gayl Jones", em Denise Almeida Silva e Conceição Evaristo (Orgs.), *Literatura, história, etnicidade e educação*. Frederico Westphalen (RS): Ed. URI — Universidade Regional Integrada do Alto Uruguai e das Missões, 2011, pp. 297-312.

22. Ver Dawn Duke (Org.), *A escritora afro-brasileira: ativismo e arte literária — Cristiane Sobral, Mel Adún, Conceição Evaristo, Débora Almeida, Esmeralda Ribeiro, Miriam Alves*. Belo Horizonte: Nandyala, 2016, p. 13.

23. José Carlos Limeira, *Encantadas*. Salvador: Ogum's Toques Negros, 2015, p. 120.

24. A tensão entre o discurso literário e as reivindicações políticas no discurso de autoria de mulheres negras pode ser exemplificada através de diversas publicações. A título de exemplo, citamos as seguintes: Miriam Alves e Carolyn R. Durham (Orgs.), *Enfim... nós/ Finally Us: Contemporary Black Brazilian Women Writers*, Boulder/ Colorado: Three Continents Press, 1994; Alex Ratts, *Eu sou Atlântica: sobre a trajetória de vida de Beatriz Nascimento*. São Paulo: Imprensa Oficial do Estado de São Paulo, 2007; Alex Ratts e Bethânia Gomes (Orgs.), *Todas (as) distâncias: poemas, aforismos e ensaios de Beatriz Nascimento*. Il. de Iléa Ferraz. Salvador: Ogum's Toques Negros, 2015; Prisca Agustoni, "Poesia, diáspora e migração: quatro vozes femininas". In: *Aletria*. Belo Horizonte. v. 22, n. 3, set.-dez. 2012.

25. Conceição Evaristo, "Eu-mulher". In: Miriam Alves e Carolyn R. Durham (Orgs.), op. cit. p. 70. A obra de Conceição Evaristo, uma das principais vozes da literatura negra e/ou afro-brasileira contemporânea, tem sido analisada em

diversos artigos e ensaios, entre os quais indicamos: Cecy Barbosa Campos, "A poética de Conceição Evaristo". In: Edimilson de Almeida Pereira (Org.), *Um tigre na floresta de signos: estudos sobre poesia e demandas sociais no Brasil*. Belo Horizonte: Mazza Edições, 2010, pp. 272-84; Patrícia Ribeiro, "Os múltiplos movimentos da obra de Conceição Evaristo". In: Robert Daibert Jr. e Edimilson de Almeida Pereira (Orgs.), op. cit., pp. 245-68.

26. Daw Duke, op. cit., p. 14.

27. Para uma aproximação ao tema das relações entre as mulheres negras e a literatura, ver Edimilson de Almeida (Org.), *Um tigre na floresta de signos*, op. cit., pp. 245-94. No capítulo "Um modelo de afro-brasilidade para vozes femininas" estão inseridos os artigos: "Escritoras negras: resgatando nossa memória", de Maria Lúcia de Barros Mott; "Escrita e militância: a escritora negra e o movimento negro brasileiro", de Maria Consuelo Cunha Campos; "A poética de inscrição feminina dos *Cadernos Negros*", de Virgínia Maria Gonçalves; "Vozes femininas em afrodicções poéticas: Brasil e África Portuguesa", de Maria Nazareth Soares Fonseca.

28. Sobre as discussões acerca de uma epistemologia que coloca em diálogo as teorias do feminismo e as especificidades histórico-sociais das mulheres negras, ver Cláudia Pons Cardoso, "Por uma epistemologia feminista negra do sul". In: Cláudia Pons Cardoso, *Outras falas: feminismos na perspectiva de mulheres negras brasileiras*, Salvador: Faculdade de Filosofia e Ciências Humanas da Universidade Federal da Bahia (UFBA), 2012. Tese (Doutorado em Estudos Interdisciplinares sobre Mulheres, Gênero e Feminismo).

29. Sobre as articulações das literaturas da afrodescendência no Brasil, ver Niyi Afolabi, Márcio Barbosa e Esmeralda Ribeiro (Orgs.), *A mente afro-brasileira: crítica literária e cultural afro-brasileira contemporânea/ The Afro-Brazilian Mind: Contemporary Afro-Brazilian Literary and Cultural Criticism*. Trenton (NJ)/ Asmara (Eritrea): África World Press, 2007; Cuti (Luiz Silva), *Literatura negro-brasileira*. São Paulo: Selo Negro, 2010; Eduardo de Assis Duarte (Org.), *Literatura e afrodescendência no Brasil: antologia*. Belo Horizonte: Ed. UFMG, 2011, 4 v.; Antonio D. Tillis (Ed.), *(Re)considering Blacknessin in Contemporary Afro-Brazilian (Con)texts*, Nova York: Peter Lang, 2011; Maria do Carmo Lanna Figueiredo e Maria Nazareth Soares Fonseca (Orgs.), *Poéticas afro-brasileiras*. 2. ed. Belo Horizonte: Mazza Edições; Ed. PUC-MG, 2012; Rodrigo Vasconcelos Machado (Org.), *Panorama da literatura negra ibero-americana*. Curitiba: Imprensa Universidade Federal do Paraná, 2015; Rodrigo Vasconcelos Machado (Org.), *O ensaio negro ibero-americano em questão: apontamentos para uma possível historiografia*. Curitiba, Universidade Federal do Paraná, 2016. Ver os artigos "Deciphered Brazil and Enigma Brazil: Notes on Social Exclusion and Violence in Contemporary Brazilian Literature", de Edimilson de Almeida Pereira, "Journeys of Resistance in Afro-Brazilian Literature: The Case of Conceição Evaristo", de Sarah Brandellero, "Growing Up to Human Rights:

The *Bildungsroman* and the Discourse of Human Rights". In: "*Um defeito de cor*", de Leila Lehnen, e "Narrating other Perspectives, Re-drawing History: The Protagonization of Afro-Brazilians in the Work of Graphic Novelist Marcelo d'Salete", de Jasmin Wrobel, em Vinícius Mariano de Carvalho e Nicola Gavioli (Ed.). *Literature and Ethics in Contemporary Brazil*. Londres: Routledge, 2017.

30. Os debates a respeito da formação, do desenvolvimento e da consolidação da literatura negra e/ou afro-brasileira são extensos e não caberiam no espaço do presente tópico. Assim como outros estudiosos brasileiros e estrangeiros, abordamos o tema em várias oportunidades. Ver nas referências bibliográficas algumas fontes que podem auxiliar na análise do tema: Bernd (1988); Roland Walter, *Afro-América: Diálogos literários na diáspora negra das Américas*. Recife: Bagaço, 2009; Edimilson de Almeida Pereira (Org.), *Um tigre na floresta de signos*, op. cit.; Eduardo de Assis Duarte (org.), op. cit.; Luiz Henrique Silva de Oliveira, *Negrismo: percursos e configurações em romances brasileiros do século XX (1928-1984)*. Belo Horizonte: Mazza Edições, 2014.

31. A imprensa negra brasileira tem sido analisada a partir de diferentes condições históricas e sociais que viabilizaram e/ou dificultaram sua atuação. Ver Elisa Larkin Nascimento, "O movimento social afro-brasileiro no século XX: Um esboço sucinto". In: Elisa Larkin Nascimento (Org.), *Cultura em movimento: matrizes africanas e ativismo negro no Brasil*. São Paulo: Selo Negro, 2008, pp. 93-178; Amílcar Araújo Pereira, "Linhas (da cor) cruzadas: Relações raciais, imprensa negra e Movimento Negro no Brasil e nos Estados Unidos". In: Amauri Mendes Pereira e Joselina da Silva, *O Movimento Negro Brasileiro*. Belo Horizonte: Nandyala, 2009, pp. 109-26. Em seu livro *Afrodescendência em Cadernos Negros e Jornal do MNN* (Belo Horizonte: Autêntica, 2005, pp. 201-52), Florentina da Silva Souza aborda a trajetória do periódico *NÊGO — Boletim informativo do MNU-BA*, lançado em 1981.

32. Dawn Duke, op. cit., 14. Sobre as relações da literatura afro-brasileira escrita por mulheres com as questões sociais, ver Emanuelle K. F. Oliveira, *Writing identity: The Politics of Contemporary Afro-brazilian Literature*. West Lafayette/Indiana: Purdue University Press, 2008.

33. Vinícius Lima, "A transnegressão de Arnaldo Xavier". *Cronópios*. Disponível em: <http://www.cronopios.com.br/content.php?artigo=8585&portal=cronopios> (acesso em: 4 mar. 2017). Sobre as poéticas negras e as rupturas com o cânone ocidental da literatura brasileira, ver o artigo de Ronald Augusto "Transnegressão". In: Edimilson de Almeida Pereira (Org.), *Um tigre na floresta de signos*, op. cit., pp. 425-37.

34. Roland Barthes, *O grão da voz: entrevistas 1961-1980*. Trad. de Mario Laranjeira. São Paulo: Martins Fontes, 2004.

35. Disponível em: <http://www.seppir.gov.br/publicacoes/pesquisa-datasenado-violencia-contra-a-juventude-negra-no-brasil>.

36. Sobre o processo de visibilidade negativa dos negros brasileiros, ver Edimilson de Almeida Pereira e Núbia P. de M. Gomes, *Ardis da imagem: exclusão étnica e violência nos discursos da cultura brasileira*. Belo Horizonte: Mazza Edições, 2001.

37. Lourival Gomes Machado, *Barroco mineiro*. São Paulo: Perspectiva, 1969, p. 34.

38. Gustav R. Hocke, *Maneirismo: o mundo como labirinto*. Trad. de Clemente Raphael Mahl. São Paulo: Perspectiva; Edusp, 1974, p. 21.

39. Arnold Hauser. *Maneirismo: a crise da Renascença e a origem da arte moderna*. Trad. de Magda França. São Paulo: Perspectiva; Edusp, 1976, p. 21.

40. Ibid.

41. Edimilson de Almeida Pereira (Org.), *Um tigre na floresta de signos*, op. cit.

42. Sobre uma abordagem inicial dessas questões, ver Edimilson de Almeida Pereira, "Pulsações da poesia brasileira contemporânea: o Grupo Quilombhoje e a vertente afro-brasileira". In: Edimilson de Almeida Pereira (Org.), *Um tigre na floresta de signos*, op. cit., pp. 329-30.

43. Sobre a relação entre o domínio da técnica e a afirmação identitária na obra do fotógrafo Eustáquio Neves, ver Kimberly L. Cleveland, *Black Art in Brazil: Expressions of Identity*. Gainesville (fl): University Press of Florida, 2013, pp. 89-109.

44. Henrique Freitas, *O arco e a arkhè: ensaios sobre literatura e cultura*. Salvador: Ogum's Toques Negros, 2016.

45. Oswaldo de Camargo, *A descoberta do frio*. São Paulo: Ateliê Editorial, 2011, p. 67.

46. Teresa Cristina Cerdeira da Silva, *José Saramago — entre a história e a ficção: uma saga de portugueses*. Lisboa: Publicações Dom Quixote, 1989, pp. 265-6.

47. Sobre a presença de personagens negros na ficção brasileira, ver David Brookshaw, *Raça & cor na literatura brasileira*. Trad. de Marta Kirst. Porto Alegre: Mercado Aberto, 1983; Regina Dalcastagnè, *Literatura brasileira contemporânea: Um território contestado*. Vinhedo (SP): Horizonte; Rio de Janeiro: Ed. da UERJ, 2012. Entre os dados levantados na obra de Dalcastagnè, destaca-se o fato de que das "1 245 personagens catalogadas em 258 obras, somente 2,7% são mulheres negras. Nessas poucas aparições, são retratadas como empregadas domésticas ou prostitutas, em 70% dos casos. Mas há também aparições como donas de casa, escravas e delinquentes. A análise ainda aponta que em apenas três dessas obras uma mulher negra aparece como protagonista — e em apenas um caso é ela a narradora. A regra da exclusão vale também para as personagens negras masculinas,

majoritariamente representadas como marginais, enquanto a maioria branca desempenha papéis de artistas ou jornalistas". Disponível em: <http://www.ecofuturo.org.br/blog/as-cores-e-as-letras-um-recorte-da-literatura-brasileira-contemporanea/>.

SOBRE UMA EPISTEMOLOGIA AFRODIASPÓRICA
[PP. 66-113]

1. Muniz Sodré, *A verdade seduzida: por um conceito de cultura no Brasil*. 2. ed. Rio de Janeiro: Francisco Alves, 1988, p. 94.

2. T. S. Eliot, *Ensaios*. Trad. de Ivan Junqueira. São Paulo: Art Editora, 1989, p. 38.

3. Ibid., p. 11.

4. Ibid., p. 40.

5. Elaboramos uma análise dessas questões, considerando as reflexões de Antônio Risério, Leda Maria Martins e outros teóricos em Edimilson de Almeida Pereira, *A saliva da fala: notas sobre a poética banto-católica no Brasil*. Rio de Janeiro: Azougue Editorial, 2017.

6. Regina Zliberman e Maria Eunice Moreira. *O berço do cânone: textos fundadores da história da literatura brasileira*. Porto Alegre: Mercado Aberto, 1998, p. 9.

7. Antonio Risério, *Textos e tribos: poéticas extraocidentais nos trópicos brasileiros*. Rio de Janeiro: Imago, 1993.

8. Janheinz Jahn. *Las literaturas neo-africanas*. Madri: Guadarrama, 1971, p. 285.

9. Ibid., p. 311.

10. Ver Renato Mendonça, *A influência africana no português do Brasil*. 4. ed. Rio de Janeiro: Civilização Brasileira, 1973; Yeda Pessoa de Castro, "Níveis sociolinguísticos da integração de influências africanas no português". In: *III Encontro Nacional de Linguística*. Rio de Janeiro: PUC, 1978; Aires da Mata Machado Filho, *O negro e o garimpo em Minas Gerais*. Belo Horizonte: Itatiaia; São Paulo: Edusp, 1985; Nei Lopes, *Novo dicionário banto do Brasil*. Rio de Janeiro: Pallas, 2003; Yeda Pessoa de Castro, "Quem eram os escravos de Jó". *Boletim da Comissão Maranhense de Folclore*, São Luís, Comissão Maranhense de Folclore, n. 41, ago. 2008.

11. Uma versão dessa narrativa, apresentada em iorubá e em português por Juana Elbein dos Santos, reaparece na obra de Reginaldo Prandi *Mitologia dos orixás* (São Paulo: Companhia das Letras, pp. 42-4), sob o título "Exu respeita o tabu e é feito o decano dos orixás".

12. Juana Elbein dos Santos. *Os nagô e a morte: Pade, Asèsè e o culto Egun na Bahia*. Petrópolis: Vozes, 1976, pp. 139-50.

13. Ordep Serra, *Águas do rei*. Petrópolis: Vozes; Rio de Janeiro: Koinonia, 1995, p. 171.

14. Sobre as implicações do grito na articulação dos discursos afrodiaspóricos nas Américas, ver Patrick Chamoiseau e Raphaël Confiant, *Lettres créoles: tracées antillaises et continentales de la littérature*. Paris: Gallimard, 1999, p.43; Roberto Muggiati, *Blues: Da lama à fama*. 3. ed. Rio de Janeiro: Ed. 34, 1995, pp. 11-2.

15. Steven White, "Entrevista e antologia do *Livro de falas*". *Callaloo*, Virgínia, Universidade da Virgínia/Editora Universitária John Hopkins, v. 19, n. 1, pp. 31-54, fev. 1996. Em novembro de 2008, a Mazza Edições, de Belo Horizonte, e a Funalfa, de Juiz de Fora, publicaram o volume bilíngue *Livro de falas/ Book of voices*, com tradução de Steven White, apresentação de Reginaldo Prandi e ilustrações de Antônio Sérgio Moreira. As epígrafes do *Livro de falas* foram extraídas da obra *O duplo e a metamorfose: a identidade mítica em comunidades nagô*, de Monique Augras, reeditada em 2008 pela editora Vozes.

16. Para uma análise aprofundada dos tópicos indicados, ver, respectivamente, Stuart Hall, *A identidade cultural na pós-modernidade*. Rio de Janeiro: DP&A, 2006; Édouard Glissant, *Introdução a uma poética da diversidade*. Juiz de Fora: Ed. UFJF, 2005; Paul Gilroy, *O Atlântico negro: modernidade e dupla consciência*. São Paulo: Ed. 34; Rio de Janeiro: Universidade Candido Mendes, 2001.

17. Ver as obras: Núbia P. de M. Gomes e Edimilson de Almeida Pereira, *Negras raízes mineiras: os Arturos* (1988). 2. ed. Belo Horizontes: Mazza Edições, 2000; Edimilson de Almeida Pereira e Núbia P. de M. Gomes, *Ouro preto da palavra: narrativas de preceito do Congado em Minas Gerais*. Belo Horizonte: Ed. PUC-MG/Mazza Edições, 2003; Edimilson de Almeida Pereira, *Os tambores estão frios: herança cultural e sincretismo religioso no ritual de Candombe*. Belo Horizonte: Mazza Edições; Juiz de Fora: Funalfa, 2005; Edimilson de Almeida Pereira, *Malungos na escola: questões sobre culturas afrodescendentes e educação*. São Paulo: Paulinas, 2007; Edimilson de Almeida Pereira, *A saliva da fala*, op. cit.

18. O livro *e* (São Paulo: Patuá, 2016), constituído de poemas articulados a partir dos modos de escrita *Orfe(x)u* e *Exunouveau*, conta com ilustrações do artista plástico Antônio Sérgio Moreira.

19. Carlos Eugênio Marcondes de Moura, no livro *As senhoras do pássaro da noite* (São Paulo: Edusp; Axis Mundi, 1994, pp. 215-43), e Reginaldo Prandi, em *Mitologia dos orixás* (op. cit., pp. 27-30), apresentam um extenso panorama sobre autores e obras que abordam a religião dos orixás sob diversos pontos de vista teóricos e metodológicos.

20. Sobre a abordagem crítica dos conceitos de tradição numa perspectiva afrodiaspórica, ver o ensaio Edimilson de Almeida Pereira, "Inumeráveis

cabeças: tradições afro-brasileiras e horizontes da contemporaneidade". In: Maria Nazareth Soares Fonseca (Org.), *Brasil afro-brasileiro*. Belo Horizonte: Autêntica, 2000.

21. Leda Maria Martins, "A oralitura da memória". In: Maria Nazareth Soares Fonseca (Org.). *Brasil afro-brasileiro*. Belo Horizonte: Autêntica, 2000, p. 65

22. Núbia P. de M. Gomes e Edimilson de Almeida Pereira, op. cit., p. 335.

23. Roger Bastide, *As religiões africanas no Brasil: contribuição a uma sociologia das interpenetrações de civilizações*. 2. ed. Trad. de Maria Eloisa Capellato e Olívia Krähenbühl. São Paulo: Livraria Pioneira Editora, 1985, p. 234. Roger Bastide reiterou os dados citados na obra de Felte Bezerra, *Etnias sergipanas* (1950, p. 160). O referido estudo foi relançado na Coleção Estudos Sergipanos, VI (Aracaju: Gráfica Editora J. Andrade, 1984).

24. Roger Bastide, op. cit., p. 234.

25. Liana M. Salvia Trindade, "Exu: poder e magia". In: Carlos Eugênio Marcondes de Moura (Org.), *Olóòrìsà: escritos sobre a religião dos orixás*. São Paulo: Ágora, 1981, p. 4.

26. Álvaro Faleiros, "Antropofagia modernista e perspectivismo ameríndio: considerações sobre a transcriação poética desde Haroldo de Campos". *Ipotesi*, Revista de Estudos Literários. Programa de Pós-graduação em Estudos Literários, Faculdade de Letras, UFJF, Juiz de Fora, v. 17, n. 1, , pp. 107-19, jan./jun. 2013, p. 107.

27. Ibid.

28. Paul Gilroy, op. cit., p. 18.

29. Zilá Bernd (Org.), *Escrituras híbridas: estudos em literatura comparada interamericana*. Porto Alegre: Ed. Universidade; UFRGS, 1998, pp. 16-7.

30. Ibid.

31. Apenas para ilustrar o tema em questão, citamos os seguintes autores e obras: Sebastião Breguês, "A Comunidade dos Arturos". *Boletim da Comissão Mineira de Folclore*, Belo Horizonte, Edição da Campanha Nacional de Defesa do Folclore/Funarte, n. 3, 1976; Roger Bastide, *As religiões africanas no Brasil*, op. cit.; Carlos Rodrigues Brandão, *Festim dos bruxos: estudos sobre a religião no Brasil*. Campinas: Ed. Unicamp; São Paulo: Ícone, 1987; Núbia P. de M. Gomes e Edimilson de Almeida Pereira, op. cit.

32. Basil Davidson, *Os africanos: uma introdução à sua história cultural*. Trad. de Fernando Maria Tomé da Silva. Lisboa: Edições 70, 1981, p. 24.

33. Leda Maria Martins, *Afrografias da memória: o reinado do Rosário no Jatobá*. São Paulo: Perspectiva; Belo Horizonte: Mazza Edições, 1997, p. 18.

34. Ibid., texto de quarta capa.

35. Ibid., p. 114.

36. Sobre algumas iniciativas do Iphan relacionadas ao congado, ver <https://www.ufmg.br/online/arquivos/038936.shtml>.

37. Alfredo Bosi, *Dialética da colonização*. São Paulo: Companhia das Letras, 1992, p. 331.

38. Leda Maria Martins, *Afrografias da memória*, op. cit., p. 21.

39. Ibid., p. 41.

ENTRE *ORFE(X)U E EXUNOUVEAU*: OU PARA UMA ESTÉTICA DE BASE AFRODIASPÓRICA [P. 114-96]

1. Leda Maria Martins, *A cena em sombras*. São Paulo: Perspectiva, 1995, p. 56.

2. Para uma análise dos termos "cantopoeta" e "cantopoema", ver Edimilson de Almeida Pereira, *A saliva da fala: notas sobre a poética banto-católica no Brasil*. Rio de Janeiro: Azougue Editorial, 2017.

3. Sobre o termo *enracinerrance* (que no dizer do poeta ficcionista e ensaísta haitiano Jean-Claude Charles significa "un mot qui est proche de la figure de l'oxymore"), ver Jean-Claude Charles, "L'Enracinerrance". *Boutures:* Réflexions, v. 1, n. 4, pp. 37-41.

4. Cf. Willfried F. Feuser, "Entre a tradição e a modernidade: impressões sobre a literatura nigeriana (2ª parte) — A literatura nigeriana em inglês". *África: Literatura, Arte, Cultura*, Lisboa, v. 1, n. 3, ano 1, jan./mar. 1979, p. 248.

5. Antonio Risério, *Oriki Orixá*. São Paulo: Perspectiva, 1996, p. 19.

6. Para uma abordagem dessa questão, ver Edimilson de Almeida Pereira, "Negociação e conflito na construção das poéticas brasileiras contemporâneas", In: Edimilson de Almeida Pereira (Org.), *Um tigre na floresta de signos: estudos sobre poesia e demandas sociais no Brasil*. Belo Horizonte: Mazza Edições, 2010, p. 23.

7. Rita Amaral e Vagner Gonçalves da Silva. "Religiões afro-brasileiras e cultura nacional: uma etnografia em hipermídia". In: Edimilson de Almeida Pereira e Robert Jr. Daibert (Orgs.). *Depois, o Atlântico: modos de pensar, crer e narrar na diáspora africana*. Juiz de Fora: UFJF, 2010, p. 134.

8. Vanda Fortuna Serafim e Solange Ramos de Andrade. "O conceito de campo religioso e o estudo das religiões africanas no Brasil". *Revista Brasileira de História das Religiões — ANPUH*, Maringá (PR), v. 1, n. 3, 2009, pp. 2-3.

9. Ibid., p. 3

10. José Jorge de Carvalho, *Cantos sagrados do Xangô do Recife*. Brasília: Fundação Cultural Palmares, 1993, p. 27.

11. José Jorge de Carvalho, "Música de fé, música de vida: a música sacra do Candomblé e seu transbordamento na cultura popular brasileira". In: Edimilson de Almeida Pereira (Org.), *Um tigre na floresta de signos*, op. cit., pp. 553-70.

12. Monique Augras, *O duplo e a metamorfose: a identidade mítica nas comunidades nagô*. 2. ed. Petrópolis: Vozes, 2008, p. 89.

13. Claude Lèpine, "Os estereótipos da personalidade no Candomblé Nàgó". In: Carlos Eugênio Marcondes de Moura (Org.), *Olóòrìsà: escritos sobre a religião dos orixás*. São Paulo: Ágora, 1981, p. 14.

14. Cf. Monique Augras, op. cit., p. 92: "Ele [Exu] transforma tudo, por ter engolido e devolvido tudo. Ficou com o encargo de receber as oferendas e distribuir os dons. Chama-se o 'senhor do sacrifício', Elebó".

15. Ibid.

16. Juana Elbein dos Santos, *Os nagô e a morte: Pade, Asèsè e o culto Egun na Bahia*. Petrópolis: Vozes, 1976, p. 162.

17. Liana M. Salvia Trindade, "Exu: poder e magia". In: Carlos Eugênio Marcondes de Moura (Org.), op. cit., p. 3.

18. Pierre Fatumbi Verger, *Orixás: deuses iorubás na África e no Novo Mundo*. São Paulo: Corrupio, 1981, p. 79.

19. Ver Monique Augras, op. cit., p. 98.

20. Ibid. Conforme Pierre Fatumbi Verger, op. cit., p. 77, essa narrativa sobre Exu, o chapéu e os dois amigos é "bastante conhecida e da qual existem numerosas variações". No exemplo citado por Verger, Exu "semeou a discórdia entre dois amigos que estavam trabalhando em campos vizinhos".

21. Edison Carneiro, *Candomblés da Bahia*. Rio de Janeiro: Edições de Ouro, s/d, p. 83.

22. Arthur Ramos, *As culturas negras: introdução à antropologia brasileira*. Rio de Janeiro: Livraria Editora da Casa do Estudante do Brasil, s/d, v. III, p. 81.

23. Pierre Fatumbi Verger, op. cit., p. 76.

24. Juana Elbein dos Santos, op. cit., p. 165.

25. José Jorge de Carvalho, op. cit., p. 37.

26. Monique Augras, op. cit., p. 91.

27. Antonio Risério, *A utopia brasileira e os movimentos negros*. São Paulo: Ed. 34, 2007, p. 165.

28. Cf. Monique Augras, op. cit., p. 92.

29. Pierre Fatumbe Verger, op. cit., p. 78.

30. Antonio Risério, *Oriki Orixá*, op. cit., p. 128.

31. Lilian Pestre de Almeida, "À escuta de Exu: breve introdução à obra de Césaire". *Exu*, Salvador, Fundação Casa Jorge Amado, n. 16/17, jul./ago. e set./out. 1990, pp. 16-7.

32. Haroldo de Campos, *A operação do texto*. São Paulo: Perspectiva, 1976, p. 10.

33. Rita Amaral e Vagner Gonçalves da Silva, op. cit., p. 133.

34. Antonio Risério, *Oriki Orixá*, op. cit., p. 81.

35. José Jorge de Carvalho, op. cit., pp. 25-6.

36. Prisca Agustoni, *O Atlântico em movimento: signos da diáspora africana na poesia contemporânea de língua portuguesa*. Belo Horizonte: Mazza Edições, 2013, p. 113.

37. Ibid.

38. Abdias Nascimento, "Padê de Exu libertador". In: Abdias Nascimento, *Axés do sangue e da esperança: orikis*. Rio de Janeiro: Achiamé; RioArte, 1983, pp. 31-6. Para uma análise do processo criativo de Abdias Nascimento, que estabelece um diálogo entre a poesia e a pintura, considerando as mitopoéticas dos orixás ver Kimberly L. Cleveland, *Black Art in Brazil: Expressions of Identity*. Gainesville (fl): University Press of Florida, 2013, pp. 46-68.

39. Abdias Nascimento, *Padê de Exu*. Acrílica sobre tela, 150 x 100 cm. Rio de Janeiro, 1988. Acervo Ipeafro /Museu de Arte Negra.

40. Abdias Nascimento, *Ritual de Exu*. Acrílica sobre tela, 100 x 81 cm. Rio de Janeiro, 1987. Acervo Ipeafro/ Museu de Arte Negra.

41. Oliveira Silveira, *Orixás*. Il. de Pedro Homero. Porto Alegre: Secretaria Municipal da Cultura/ Unidade Editorial Porto Alegre, 2005. Ver também Edimilson de Almeida Pereira, e. Il. de Antônio Sérgio Moreira. São Paulo: Patuá, 2016.

42. Cf. Emanoel Araújo (Org.), *A mão afro-brasileira: significado da contribuição artística e histórica*. São Paulo: Tenenge, 1988.

43. Sobre as relações estabelecidas entre a obra do poeta Ricardo Aleixo e as obras dos artistas plásticos Rubem Valentim e Jorge dos Anjos, a partir das releituras que estes realizaram do universo ritual dos orixás, ver Prisca Agustoni, *O Atlântico em movimento*, op. cit., pp. 191-7. Sobre os processos de criação de Rubem Valentim, Jorge dos Anjos e Antônio Sérgio Moreira, consultar, respectivamente: Aracy Amaral, "Um inventário necessário, e algumas indagações: A busca da forma e da expressão na arte contemporânea". In: Emanoel Araújo (Org.), op. cit., p. 250; Jorge dos Anjos, *Depoimento*. Coord.

ed. de Fernando Pedro da Silva e Marília Andrés Ribeiro. Ed. do texto e org. de Janaína Melo. 2. reimp. Belo Horizonte: C/Arte, 2007; Antônio Sérgio Moreira, *Diaspora: corps d'azeviche aux yeux rouges et coeur de feu*. Paris: Galerie Ricardo Fernandes, fev./mar. 2013.

44. O leitmotiv da *Viagem dos Exus* foi reiterado por Cândido Santos Xavier (Tamba) na escultura de um Exu isolado. Nessa escultura de barro, a reincidência das cores preta, branca e vermelha, a boca aberta, a língua estendida, os chifres e o falo proeminente ressaltam o caráter erótico do intermediário entre os orixás e os seres humanos. Essa imagem acompanha o artigo de Lélia Coelho Frota, "Criação liminar na arte do povo: a presença do negro". In: Emanoel Araújo (Org.), op. cit., p. 219.

45. Lélia Coelho Frota, *Pequeno dicionário da arte do povo brasileiro: século XX*, op. cit., p. 400.

46. Ordep Serra, *Águas do rei*. Petrópolis: Vozes; Rio de Janeiro: Koinonia, 1995, p. 48.

47. Vários poemas citados neste ensaio foram analisados por Prisca Agustoni, a exemplo do que ocorre em seu artigo "O desejo de dizer ou a *performance* de Exu na poética de Ricardo Aleixo e Edimilson de Almeida Pereira" (*Terra Roxa e Outras Terras: Revista de Estudos Literários*, v. 17-A, dez. 2009, p. 103. Disponível em: <http://www.uel.br/pos/letras/terraroxa>). Nesse artigo, a autora observa: "A elaboração desse signo no corpus literário possui uma tradição que supera as fronteiras nacionais. De fato, a presença de Exu como divindade perpassa inúmeros textos de poetas brasileiros quais, por exemplo, o poema 'Exu comeu tarubá', de Jorge de Lima [*Novos poemas; Poemas escolhidos; Poemas negros*. Rio de Janeiro: Lacerda Editores, 1997, p. 89], o poema em prosa 'Flash', de Salgado Maranhão [*Treze poetas impossíveis: ebulição da escrivatura*. Rio de Janeiro: Civilização Brasileira, 1978, p. 46], o poema 'Exu' de Oliveira Silveira [*Orixás*, op. cit., p. 15], mas também se torna presença relevante na produção poética de autores oriundos de contextos culturais onde o processo da escravidão implantou a superposição de signos diaspóricos, quais são Haiti, presente nos versos de 'Antibon-Legba', de René Depestre [In: Jean-Baptiste Para (Ed.). *Anthologie de la poésie française du XXe siècle*. Paris: Gallimard, 2000, p. 295], e Cuba, nos versos do poema 'Los ojos de Elegguá', de Nancy Morejón. Sem dúvida, esses são apenas alguns possíveis exemplos de um amplo espectro de autores e textos onde Exu se faz presente, como lócus tangencial entre diferentes níveis de significação".

48. Aimé Césaire, "conversation avec Mantonica Wilson". In: Aimé Césaire, *La poésie*. Ed. de Daniel Maximin e Gilles Carpentier. Paris: Seuil, 2006, p. 463. Registramos aqui nosso agradecimento ao poeta Ricardo Aleixo, que citou em seu perfil do Facebook, em 26 de dezembro de 2016, a tradução desse poema de Césaire. A partir da indicação de Aleixo, inserimos o poema no presente ensaio. Conforme ele escreveu, trata-se de "Um belíssimo poema de Aimé Césaire para

Exu, publicado na revista baiana (n. 16/17, s/d, trad. de Lilian Pestre de Almeida) que levava o nome daquele um compadre nosso, dono da fala & das encruzas". A tradução referida encontra-se no artigo de Lilian Pestre de Almeida, "À escuta de Exu: breve introdução à obra de Césaire". *Exu*, Salvador, Fundação Casa Jorge Amado, n. 16/17, pp. 26-31, jul./ago. e set./out. 1990. "ele é o que diz/ o que tem ele a dizer/ o que tem ele a dizer/ é a cabeça da faca-falo que provê/ é o abano espanta-mosca que provê// ele é o que diz/ o que tem ele a dizer/ o que tem ele a dizer/ a vida a transmitir/ a força a repartir/ e esse rio de lagartas// ele é o que capta/ o que tem ele a dizer/ o que tem ele a dizer/ para a armadilha funcionar/ para a palavra passar// ele é o que despe/ o ardiloso/ que abre os caminhos/ deixa marcar as casas na grande rede da Morte/ o silvo bufão dessa selva."

49. Nancy Morejón, "Los ojos de Eleggua". In: Nancy Morejón, *Where the Island Sleeps Like A Wing: Selected Poetry by Nancy Morejón*. Trad. de Kathleen Weaver. São Francisco: The Black Scholar Press, 1997, pp. 66-7.

50. René Depestre, "Atibon-Legba". In: Jean-Baptiste Para (Ed.), op. cit., pp. 295-7. Apresentamos, a seguir, a tradução do poema de Depestre realizada pelo professor Patrick Kasonga, mestre pelo Programa em Estudos Literários, da Faculdade de Letras, da Universidade Federal de Juiz de Fora (UFJF): "Eu sou Atibon-Legba/ Meu chapéu vem da Guiné/ Bem como a minha cana de bambu/ Bem como a minha velha dor/ Bem como meus ossos velhos/ Eu sou o patrão dos porteiros/ E dos meninos do elevador/ Eu sou Legba-Bois/ Legba-Cayes/ Eu sou/ Legba-Signangnon/ E seus sete irmãos/ Kataroulo/ Eu sou/ Legba-Kataroulo/ Esta noite eu planto meu altar/ A maior jatrofa da minha alma/ Na terra do homem branco/ No cruzamento de seus caminhos/ Eu beijo três vezes sua porta/ Eu beijo três vezes seus olhos/ Eu sou Alegba-Papa/ O deus de suas portas/ Esta noite sou eu/ O mestre de suas trilhas/ E de seus cruzamentos de brancos/ Eu o protetor das formigas/ E das plantas da sua casa/ Eu sou o chefe das barreiras/ Do espírito e do corpo humano/ Eu chego coberto de poeira/ Eu sou o maior/ Ancestral negro/ Eu vejo eu entendo o que acontece/ Nas trilhas e estradas/ Seus corações e seus jardins de brancos/ Não têm nenhum segredo para mim/ Eu chego todo quebrado das minhas viagens/ E eu lanço minha grande idade/ Nas pistas onde rastejam/ Suas traições de brancos// Ô senhor Juiz d'AJabama/ Não vejo em suas mãos/ Nem jarro de água nem vela preta/ Eu não vejo meu vêvé traçado/ Sobre o chão da casa/ Onde está a boa farinha branca/ Onde estão meus pontos cardinais/ Meus velhos ossos chegam de vossa terra/ Juiz e eles não veem/ De Bagui onde pousar a sua tristeza/ Eles veem galos brancos/ Eles veem galinhas brancas/ Juiz onde estão nossos temperos/ Onde está o sal e o pimenta/ Onde está o óleo de amendoim/ Onde está o milho grelhado/ Onde estão nossas estrelas de rum/ Onde estão meu rada e meu mahi/ Onde está meu vanvalou/ Recuso seus pratos insípidos/ Recuso o vinho branco/ Recuso a batata e a pera./ Recuso todas as vossas mentiras/ Para matar minha fome quero inhame/ Umas malangas e umas abóboras/ Umas bananas e umas batatas-doces/ Recuso

vossas valsas e vossos tangos/ A velha fome de minhas pernas/ Reclamo um crabignan-legba/ A velha fome de meus ossos/ Reclamo uns passos viris de homem// Eu sou/ Papa Legba/ Eu sou/ Legba Clairondé/ Eu sou/ Legba-Sé/ Eu sou Alegba-Si/ Eu saio de sua bainha/ Meus sete irmãos/ Kataroulo/ Troco-o em espada/ Meu cachimbo de barro/ Eu troco também em espada/ Minha cana de bambu/ Eu troco também em espada/ Meu grande chapéu de Guiné/ Eu troco também em espada/ Meu tronco de jatrofa/ Eu troco também em espada/ Meu sangue que você derramou// O juiz aqui está uma espada/ Para cada porta da casa/ Uma espada para cada cabeça/ Aqui estão os doze apóstolos de minha fé/ Minhas doze espadas/ Kataroulo/ Os doze/ Legbas de meus ossos/ E nenhum deles trairá meu sangue/ Não tem Judas em meu corpo/ Juiz há único velho homem/ Que vigie sobre o caminho dos homens/ Há único velho galo-batalha/ O juiz que lança em suas idas/ As grandes alas vermelhas de sua verdade!".

51. Ricardo Aleixo, "Exu". In: Ricardo Aleixo e Edimilson de Almeida Pereira, *A roda do mundo*. 2. ed. Belo Horizonte: Objeto Livro; Segrac, 2004, p 31.

52. Salgado Maranhão, "Flash". In: Salgado Maranhão, op. cit., p. 46.

53. Lepê Correia, "Enu Barijó". In: Jônatas Conceição e Lindinalva Amaro Barbosa (Orgs.), *Quilombo de palavras: a literatura dos afro-descendentes*. 2. ed. Salvador: CEAO; UFBA, 2000, p. 87.

54. Edimilson de Almeida Pereira, "Exu". In: Edimilson de Almeida Pereira, *Poemas para ler com palmas*. Il. de Maurício Negro. Belo Horizonte: Mazza Edições, 2017.

55. Maria Nazareth Soares Fonseca, "Impurezas e hibridações: textos em transformação". *Aletria*, Belo Horizonte, UFMG, 2002, p. 13. Disponível em: <http://www.letras.ufmg.br/poslit>.

56. Cláudio Daniel, "Exu". In: Cláudio Daniel, *Livro de orikis*. São Paulo: Patuá, 2015. Ver portal *Vermelho*, Cultura, 2 out. 2015. Disponível em: <http://www.vermelho.org.br/noticia/270988-11>.

57. Sobre os processos empregados por Cláudio Daniel para dar forma ao seu *Livro de orikis*, ver Antonio Vicente Seraphim Pietrofonte, "*Livro de orikis*". *Musa Rara*, São Paulo, 10 fev. 2016. Disponível em: <http://www.musarara.com.br/livro-dos-orikis>. Segundo Pietroforte, "Ao convocar (1) Cantigas de Amigo, (2) Orikis, (3) literatura de esquerda — Ogum forja a foice e o martelo —, (4) poesia sonora, e — esta informação também me foi dada pelo Claudio — (5) o verso monorrimo do gazel e do jazal das literaturas árabe e persa, o poeta harmoniza vozes distintas complexificando-as na própria poesia. Nesse fazer poético, a consciência política está baseada no máximo de informações possível a respeito do mundo e de suas culturas [...]".

58. Entre as obras que documentaram o golpe político de 2016, destacamos o livro de Hebe Mattos, Tânia Bessone e Beatriz Mamigonian (Orgs.), *Historiadores pela democracia: o golpe de 2016 e a força do passado*. (São

Paulo: Alameda Editorial, 2016). Segundo o site de divulgação da ANPUH, a obra consiste num "exercício de história imediata em função de uma denúncia grave: o processo de impeachment da presidenta Dilma Rousseff põe a democracia brasileira em risco. Reunindo textos e depoimentos de historiadores com carreira consolidada e jovens profissionais de história, a obra apresenta um diagnóstico historiográfico sobre o conturbado momento político do Brasil".

59. No momento em que este ensaio é escrito, o Brasil atravessa sua mais grave crise política, desde aquela que culminou no Golpe de 1964, que manteve o país sob o regime da ditadura civil-militar até 1985. Além de PSDB, PMDB, DEM e outros partidos menores, amparados por ações ambíguas e forte tendência golpista do Superior Tribunal Federal (STF), setores da sociedade civil romperam o pacto das urnas, depondo uma presidenta sobre a qual, até o último ato do julgamento no Senado Federal, não pairou a comprovação de nenhum crime de responsabilidade.

60. Antonio Risério, *Oriki Orixá*, op. cit., p. 128.

61. Pierre Fatumbi Verger, *Orixás: deuses iorubás na África e no Novo Mundo*. São Paulo: Corrupio, 1981, p. 78.

62. "O *Livro de orikis*, uma homenagem às divindades afro". Vermelho, 2 out. 2015. Disponível em: <https://vermelho.org.br/2015/10/02/ o-livro-de-orikis--uma-homenagem-as-divindades-afro/>

63. Oliveira Silveira, "No caminho da Casa-de-Nação". Pintura "Bará", de Pedro Homero. In: Oliveira Silveira, *Orixás*, op. cit. Oliveira Silveira publicou esse mesmo poema, sem a ilustração, no livro *Roteiro dos tantãs* (Porto Alegre: Edição do Autor, 1981, p. 18).

64. Para uma iniciação ao estudo das casas de santo, ver Roger Bastide, *As religiões africanas no Brasil: contribuição a uma sociologia das interpenetrações de civilizações*. 2. ed. Trad. de Maria Eloisa Capellato e Olívia Krähenbühl. São Paulo: Livraria Pioneira Editora, 1985, pp. 243-305; Marco Aurélio Luz, *Cultura negra e ideologia do recalque*. Rio de Janeiro: Achiamé, 1983, pp. 30-1.

65. Norton F. Corrêa, *O Batuque do Rio Grande do Sul: antropologia de uma religião afro-rio-grandense*. 2. ed. São Luís, MA: CA, Cultura & Arte, 2006.

66. Prisca Agustoni, *O Atlântico em movimento*, op. cit., pp. 104-5. Nesse livro, a autora faz uma análise criteriosa dos poemas "No caminho da Casa-de-Nação", de Oliveira Silveira, "Cine-olho", de Ricardo Aleixo, e "Visitação", de Edimilson de A. Pereira. Nossos comentários levarão em conta essa análise, razão pela qual sugerimos a leitura do texto de Agustoni (Ibid., pp. 103-13) para eventuais comparações.

67. Roger Caillois e Jean-Clarence Lambert (Orgs.), *Trésor de la poésie universelle*. 4. ed. Paris: Gallimard, 1958, p. 7.

68. Ricardo Aleixo, *Festim: um desconcerto de música plástica*. Belo Horizonte: Oriki, 1992.

69. Id., *Máquina zero*. Belo Horizonte: Scriptum, 2003, p. 56.

70. Ricardo Aleixo e Edimilson de Almeira Pereira, op. cit., pp. 31-3. Sobre as relações entre palavra e imagem, particularmente a fotografia, na poética de Ricardo Aleixo, ver Telma Scherer, "O peixe não segura a mão de ninguém: écfrases de Ricardo Aleixo". *Elyra — Revista da Rede Internacional Lyracompoetics*, n. 8, pp. 201-22, dez. 2016. Disponível em: <http://www.elyra.org/index.php/elyra/article/view/160/178>.

71. Prisca Agustoni, *O Atlântico em movimento*, op. cit., p. 107.

72. Ricardo Aleixo, "Cine-olho". In: Ricardo Aleixo e Edimilson de Almeira Pereira, op. cit., p. 33.

73. Fabrício Marques (Org.). *Dez conversas: diálogos com poetas contemporâneos*. Belo Horizonte: Gutemberg, 2004, p. 116. Ver a análise dessa entrevista de Ricardo Aleixo relacionada à criação do poema "Cine-olho" em Prisca Agustoni, "O desejo de dizer ou a performance de Exu na poética de Ricardo Aleixo e Edimilson de Almeida Pereira", op. cit., pp. 107-8.

74. A expressão está contida no texto "O olho precoce". In: Murilo Mendes, *Poesia completa e prosa*. Rio de Janeiro: Nova Aguilar, 1994, p. 974. Segundo Murilo Mendes: "Ver coisas, ver pessoas na sua diversidade, ver, rever, ver, rever . O olho armado me dava e continua a me dar força para a vida."

75. Em Ricardo Aleixo, *Trívio*. Belo Horizonte: Scriptum, 2001, p. 80.

76. Prisca Agustoni, *O Atlântico em movimento*, op. cit., p. 108.

77. Ibid., p. 106.

78. Murilo Mendes, op. cit., p. 794.

79. Em Ricardo Aleixo, *Trívio*, op. cit., p. 79.

80. Edimilson de Almeida Pereira, "Caderno de retorno". In: Edimilson de Almeida Pereira, *As coisas arcas: obra poética 4*. Belo Horizonte: Mazza Edições; Juiz de Fora: Funalfa, 2003, p. 210.

81. Ver a entrevista completa realizada por Reuben da Cunha Rocha, "Ricardo Aleixo, um grafador da movência". *Semeiosis: semiótica e transdisciplinaridade em revista*, São Paulo, ECA/USP, v. 2, n. 1, maio 2011. Disponível em: <http://www.semeiosis.com.br/ricardo-aleixo-e-as-grafias-da-movencia>.

82. Prisca Agustoni, *O Atlântico em movimento*, op. cit., p. 113.

83. Indicamos, aqui, alguns poemas de Edimilson de Almeida Pereira que tiveram a mitopoética de Exu como ponto de referência para sua composição: "Visitação" e "Emissários", em *Livro de falas/ Book of voices* (edição bilíngue

português/inglês. Trad. de Steven White. Imagens de Antônio Sérgio Moreira.
Belo Horizonte: Mazza Edições; Juiz de Fora: Funalfa, 2008, pp. 16-23);
"Assentado num livro", "Que cidade linda" e "Na casa de meu pai", em *Zeozório blues: obra poética 1* (Belo Horizonte: Mazza Edições, 2002, pp. 139, 154-62, 175);
"Caderno de retorno", em *As coisas arcas: obra poética 4* (op. cit., p. 210); "Jorge dos Anjos", em *Lugares ares: obra poética 2* (Belo Horizonte: Mazza Edições, 2003, p. 250); "Rito", em *Signo cimarrón* (Belo Horizonte: Mazza Edições, 2005, pp. 54-5); "poema 24", em *homeless* (Belo Horizonte: Mazza Edições; Juiz de Fora: Sans Chapeau, 2010, p. 212).

84. Steven White, Entrevista e antologia do *Livro de falas*. *Callaloo*, Virgínia, 1996, v. 19, n. 1, pp. 31-54, fev. 1996.

85. As epígrafes citadas no *Livro de falas* foram extraídas de: Monique Augras, *O duplo e a metamorfose: a identidade mítica em comunidades nagô*, Petrópolis, 2008.

86. Henry Louis Gates em Maria José Somerlate Barbosa, *Recitação da passagem: a obra poética de Edimilson de Almeida Pereira*. Belo Horizonte: Mazza Edições, 2009, p. 87.

87. Edimilson de Almeida Pereira, "Visitação". In: Edimilson de Almeida Pereira. *Livro de falas/ Book of Voices*, op. cit., p. 16-7.

88. Maria José Somerlate Barbosa, op. cit., p. 89.

89. Prisca Agustoni, *O Atlântico em movimento*, op. cit., p. 113.

90. Henry Louis Gates em Maria José Somerlate Barbosa, op. cit., p. 87.

91. Para uma leitura crítica da obra de Magritte *La trahison des images* (*Ceci n'est pas une pipe*), ver Michel Foucault, *Isto não é um cachimbo*. Trad. de Jorge Coli. 5. ed. Rio de Janeiro: Paz e Terra, 1988.

92. Prisca Agustoni, *O Atlântico em movimento*, op. cit., p. 115.

93. Hugo Friedrich, *Estrutura da lírica moderna: da metade do século XIX a meados do século XX*. Trad. de Marise M. Curioni e Dora F. da Silva. 2. ed. São Paulo: Duas Cidades, 1991, p. 15.

94. Ibid.

95. Ibid., p. 16.

96. Reuben da Cunha Rocha, op. cit.

97. Edimilson de Almeida Pereira, "Orphe(x)u/ Exunouveau". In: Edimilson de Almeida Pereira, *maginot, o*, Belo Horizonte: Mazza Edições; Juiz de Fora: Sans Chapeau, 2015, pp. 60-1.

98. Maria José Somerlate Barbosa, op. cit., p. 49.

99. Sobre a poética da "Middle Passage" nos Estados Unidos, ver o artigo de Álvaro Luiz Hattnher, "Chamados e respostas: diálogos da negritude em textos afro-brasileiros e afro-americanos". In: Edimilson de Almeida Pereira (Org.), *Um tigre na floresta de signos*, op. cit., pp. 320-1.

100. Edimilson de Almeida Pereira, "Família lugar", In: Ricardo Aleixo e Edimilson de Almeida Pereira, *A roda do mundo*, op. cit., pp. 11-2.

101. Ronald Augusto, "um no inverno, dois no verão". Disponível em: <http://poesiacoisanenhuma.blogspot.com.br/2016/09/um-no-inverno-dois-no-verao.html#!/2016/09/um-no-inverno-dois-no-verao.html>.

102. Waldo Motta, *Bundo e outros poemas*. Campinas: Ed. Campinas, 1996, p. 69.

103. Clifford Geertz, *A interpretação das culturas*. Rio de Janeiro: Guanabara Koogan, 1989, p. 127.

104. Ibid.

105. Roland Barthes, *O grão da voz: entrevistas 1961-1980*. Trad. de Mario Laranjeira. São Paulo: Martins Fontes, 2004, p. 2.

106. Jorge de Lima, op. cit., p. 89.

107. Domício Proença Filho, *Dionísio esfacelado: Quilombo dos Palmares*. Rio de Janeiro: Achiamé, 1984, pp. 30-2.

108. Ibid., p. 81.

109. Alusões a Exu e aos seus atributos de mensageiro e senhor da fala aparecem, respectivamente, no final dos seguintes poemas: "Fotos", de Cuti, em Zilá Bernd (Org.), *Poesia negra brasileira: antologia* (Porto Alegre: AGE; IEL; IGEL, 1992, pp. 87-8), e "Padêlicença", de Gwellwaar Adún, em *Desinteiro* (Salvador: Ogum's Toques Negros, 2016, pp. 32-3).

110. Sosígenes Costa,"Dudu Calunga". In: Sosígenes Costa, *Obra poética*. 2. ed. Rev. e ampl. por José Paulo Paes. São Paulo: Cultrix; Brasília: Instituto Nacional do Livro, 1978, p. 259-60.

111. Cf. José Carlos Limeira, *Encantadas*. Salvador: Ogum's Toques Negros, 2015, p. 105.

CONSIDERAÇÕES FINAIS [PP. 197-203]

1. Clifford Geertz, *A interpretação das culturas*. Rio de Janeiro: Guanabara Koogan, 1989, p. 30.

2. Analisamos os processos de oposição, negociação e interação entre as perspectivas poéticas articuladas no cenário da afrodescendência cultural no Brasil nos artigos "Negociação e conflito na construção das poéticas

brasileiras contemporâneas" e "Invenção e liberdade na poesia brasileira contemporânea", em Edimilson de Almeida Pereira (Org.), *Um tigre na floresta de signos: estudos sobre poesia e demandas sociais no Brasil*. Belo Horizonte: Mazza Edições, pp.15-40, 356-95.

3. Heleno Oliveira, *Se fosse vera la note*. Roma: Zone Editrici, 2003; Heleno Oliveira, *Oropa França Bahia*. Florença: Meridiana, 2004. Ver também Prisca Agustoni, "Encontrar-se no exílio: notas sobre a poética de Heleno Oliveira". In: Edimilson de Almeida Pereira (Org.), *Um tigre na floresta de signos*, op. cit., pp. 410-22.

4. Marília Floôr Kosby, *Os baobás do fim do mundo*. 2. ed. Porto Alegre: Après Coup; Escola de Poesia, 2015; Gwellwaar Adún, *Desinteiro*. Salvador: Ogum's Toques Negros, 2016; Dú Oliveira, *Xirê: A brincadeira lírica (um livro de mito-poema)*. Salvador: Ogum's Toques Negros, 2016.

5. Marcos Antônio Alexandre, "Livro apresenta força do teatro negro na atualidade". Entrevista concedida a Miguel Arcanjo. *Blog do Arcanjo*, 3 mar. 2017. Disponível em: <https://www.blogdoarcanjo.com/2017/03/03/livro-apresenta-forca-do-teatro-negro-na-atualidade/>. Ver também: Marcos Antônio Alexandre, *O teatro negro em perspectiva: dramaturgia e cena negra no Brasil e em Cuba*. Rio de Janeiro: Malê, 2017.

Referências bibliográficas

EPÍGRAFE

Texto de uma meridiana (reta que, tirada de norte a sul, assinala o meio-dia; pêndula cronométrica; relógio de sol) pintada sobre a parede de um prédio público, em Breganzona, cantão Ticino, Suíça.

ADOTEVI, Stanislas Spero. *Négritude et Négrologues*. Bordeaux: Le Castor Astral, 1998.

ADÚN, Gwellwaar. *Desinteiro*. Salvador: Ogum's Toques Negros, 2016.

AFOLABI, Niyi; BARBOSA, Márcio; RIBEIRO, Esmeralda (Orgs.). *A mente afro--brasileira: crítica literária e cultural afro-brasileira contemporânea/ The Afro-brazilian Mind: Contemporary Afro-Brazilian Literary and Cultural Criticism*. Trenton (NJ); Asmara (Eritrea): África World Press Inc. 2007.

AGUSTONI, Prisca. "O desejo de dizer ou a performance de Exu na poética de Ricardo Aleixo e Edimilson de Almeida Pereira". *Terra Roxa e Outras Terras: Revista de Estudos Literários*, v. 17-A, dez. 2009. Disponível em: <http://www.uel.br/pos/letras/terraroxa>.

_____. *Le Jardin sans paons: idéalisations et conflits dans la représentation de la femme noire et métisse dans la littérature latino-américaine 1920-1940*. Genebra: Université de Genève/ Université de Lausanne, 2002. (Études Genre).

_____. *O Atlântico em movimento: signos da diáspora africana na poesia contemporânea de língua portuguesa*. Belo Horizonte: Mazza Edições, 2013.

AGUSTONI, Prisca. "Poesia, diáspora e migração: quatro vozes femininas". In: _____; PEREIRA, Edimilson de Almeida (Orgs.). *As razões de Orfeu: territórios em negociação para a afrodescendência no Brasil*. Belo Horizonte: Mazza Edições, 2017 (no prelo).

ALEIXO, Ricardo. *Festim: um desconcerto de música plástica*. Belo Horizonte: Oriki, 1992.

_____. *Trívio*. Belo Horizonte: Scriptum, 2001.

_____. *Máquina zero*. Belo Horizonte: Scriptum, 2003.

_____. PEREIRA, Edimilson de Almeida. *A roda do mundo*. 2. ed. Belo Horizonte: Objeto Livro; Segrac, 2004.

ALEXANDRE, Marcos Antônio. *O teatro negro em perspectiva: dramaturgia e cena negra no Brasil e em Cuba*. Rio de Janeiro: Malê, 2017.

_____. "Livro apresenta força do teatro negro na atualidade". Entrevista concedida a Miguel Arcanjo. *Blog do Arcanjo*, 3 mar. 2017. Disponível em: <https://www.blogdoarcanjo.com/2017/03/03/livro-apresenta-forca-do-teatro-negro-na-atualidade/>.

ALMEIDA, Lilian Pestre de. "À escuta de Exu: breve introdução à obra de Césaire". *Exu*, Salvador, Fundação Casa Jorge Amado, n. 16/17, jul./ago. e set./out. 1990.

ALVES, Miriam; DURHAM, Carolyn R. (Orgs.). *Enfim... nós/ Finally Us: Contemporary Black Brazilian Women Writers*. Boulder, Colorado: Three Continents Press, 1994.

AMARAL, Aracy. "Um inventário necessário e algumas indagações: a busca da forma e da expressão na arte contemporânea". In: ARAÚJO, Emanoel (Org.). *A mão afro-brasileira: significado da contribuição artística e histórica*. São Paulo: Tenenge, 1988.

AMARAL, Rita; SILVA, Vagner Gonçalves da. "Religiões afro-brasileiras e cultura nacional: uma etnografia em hipermídia". In: PEREIRA, Edimilson de Almeida; DAIBERT, Robert Jr. (Orgs.). *Depois, o Atlântico: modos de pensar, crer e narrar na diáspora africana*. Juiz de Fora: EdUFJF, 2010.

ANJOS, Jorge dos. *Depoimento*. Coord. ed. de Fernando Pedro da Silva e Marília Andrés Ribeiro. Ed. do texto e org. de Janaína Melo. 2. reimp. Belo Horizonte: C/Arte, 2007. (Circuito Atelier).

ARAÚJO, Emanoel (Org.). *A mão afro-brasileira: significado da contribuição artística e histórica*. São Paulo: Tenenge, 1988.

ASSIS, Machado de. *Memórias póstumas de Brás Cubas*. In: _____. *Obra completa*. Rio de Janeiro: Nova Aguilar, 2006. v. I, pp. 516-8.

AUGRAS, Monique. *O duplo e a metamorfose: a identidade mítica em comunidades nagô*. 2. ed. Petrópolis: Vozes, 2008.

BAPTISTA, Josely Vianna. *Roça barroca*. São Paulo: Cosac Naify, 2011.

BARBOSA, Maria José Somerlate. *Recitação da passagem: a obra poética de Edimilson de Almeida Pereira*. Belo Horizonte: Mazza Edições, 2009.

BARTHES, Roland. *O grão da voz: entrevistas 1961-1980*. Trad. de Mario Laranjeira. São Paulo: Martins Fontes, 2004.

BASTIDE, Roger. *As religiões africanas no Brasil: contribuição a uma sociologia das interpenetrações de civilizações*. 2. ed. Trad. de Maria Eloisa Capellato e Olívia Krähenbühl. São Paulo: Livraria Pioneira Editora, 1985.

_____. *Brasil, terra de contrastes*. 4. ed. Trad. de Maria Isaura Pereira Queiroz. São Paulo: Difusão Europeia do Livro, 1959.

BERND, Zilá. *Introdução à literatura negra*. São Paulo: Brasiliense, 1988.

_____ (Org.). *Escrituras híbridas: estudos em literatura comparada interamericana*. Porto Alegre: Ed. Universidade; UFRGS, 1998.

_____ (Org.). *Poesia negra brasileira: antologia*. Porto Alegre: AGE; IEL; IGEL, 1992.

BOSI, Alfredo. *Dialética da colonização*. São Paulo: Companhia das Letras, 1992.

BRANDÃO, Carlos Rodrigues. *Festim dos bruxos: estudos sobre a religião no Brasil*. Campinas: Ed. Unicamp; São Paulo: Ícone, 1987.

BREGUÊS, Sebastião. "A Comunidade dos Arturos". *Boletim da Comissão Mineira de Folclore*, Belo Horizonte, Edição da Campanha Nacional de Defesa do Folclore/Funarte, n. 3, 1976.

BROOKSHAW, David. *Raça & cor na literatura brasileira*. Trad. de Marta Kirst. Porto Alegre: Mercado Aberto, 1983.

BULCÃO, Clóvis. "Uma Habsburgo nos trópicos". Dossiê Imperatriz Leopoldina. Org. de Nashla Dahás e Rodrigo Elias. *Revista de História da Biblioteca Nacional*, Rio de Janeiro, Fundação Biblioteca Nacional, ano 9, n. 107, ago. 2014.

CAILLOIS, Roger; LAMBERT, Jean-Clarence (Orgs.). *Trésor de la poésie universelle*. 4. ed. Paris: Gallimard, 1958.

CAMARGO, Oswaldo de. *A descoberta do frio*. São Paulo: Ateliê Editorial, 2011.

CAMPOS, Haroldo de. *A operação do texto*. São Paulo: Perspectiva, 1976. (Debates, 134).

CARDOSO, Cláudia Pons. "Por uma epistemologia feminista negra do sul". In: _____. *Outras falas: feminismos na perspectiva de mulheres negras brasileiras*. Salvador: Faculdade de Filosofia e Ciências Humanas da

Universidade Federal da Bahia (UFBA), 2012. Tese (Doutorado em Estudos Interdisciplinares sobre Mulheres, Gênero e Feminismo).

CARNEIRO, Edison. *Antologia do negro brasileiro*. Rio de Janeiro: Edições de Ouro, s/d.

_____. *Candomblés da Bahia*. Rio de Janeiro: Edições de Ouro, s/d.

CARVALHO, José Jorge de. *Cantos sagrados do Xangô de Recife*. Brasília: Fundação Cultural Palmares, 1993.

CASTELNAU, Francis de. *Entrevistas com escravos africanos na Bahia oitocentista*. Trad. de Marisa Murray. Rio de Janeiro: José Olympio, 2006.

CASTRO, Yeda Pessoa de. "Níveis sociolinguísticos da integração de influências africanas no português". In: *III Encontro Nacional de Linguística*. Rio de Janeiro: PUC, 1978.

_____. "Quem eram os escravos de Jó". *Boletim da Comissão Maranhense de Folclore*, São Luís, Comissão Maranhense de Folclore, n. 41, ago. 2008. Disponível em: <www.cmfolclore.ufma.br>.

CÉSAIRE, Aimé. *La poésie*. Ed. de Daniel Maximin et Gilles Carpentier. Paris: Seuil, 2006.

CHAMOISEAU, Patrick; CONFIANT, Raphaël. *Lettres créoles: tracées antillaises et continentales de la littérature*. Paris: Gallimard, 1999.

CHARLES, Jean-Claude. "L'Enracinerrance". *Boutures: Refléxions*, v. 1, n. 4, pp. 37-41. Disponível em: <http://ile-en-ile.org/jean-claude-charles--lenracinerrance>.

CLEVELAND, Kimberly L. *Black Art in Brazil: Expressions of Identity*. Gainesville (FL): University Press of Florida, 2013.

CONCEIÇÃO, Jônatas; BARBOSA, Lindinalva Amaro (Orgs). *Quilombo de palavras: a literatura dos afro-descendentes*. 2. ed. Salvador: CEAO; UFBA, 2000.

CORRÊA, Norton F. *O batuque do Rio Grande do Sul: antropologia de uma religião afro-rio-grandense*. 2. ed. São Luís, MA: CA, Cultura & Arte, 2006.

COSER, Stelamaris. "Dores negras, culturas híbridas: Conceição Evaristo e Gayl Jones". In: SILVA, Denise Almeida; EVARISTO, Conceição (Orgs.). *Literatura, história, etnicidade e educação: estudos nos contextos afro-brasileiro, africano e da diáspora africana*. Frederico Westphalen (RS): Ed. URI — Universidade Regional Integrada do Alto Uruguai e das Missões, 2011.

COSTA, Sosígenes. *Obra poética*. 2. ed. Rev. e ampl. por José Paulo Paes. São Paulo: Cultrix; Brasília: Instituto Nacional do Livro, 1978.

CUTI (Luiz Silva). *Literatura negro-brasileira*. São Paulo: Selo Negro, 2010.

DAIBERT JR., Robert; PEREIRA, Edimilson de Almeida (Orgs.). *No berço da noite: religião e arte em encenações de subjetividades afrodescendentes*. Juiz de Fora: MAMM Editora, 2012.

DALCASTAGNÈ, Regina. *Literatura brasileira contemporânea: um território contestado*. Vinhedo (SP): Horizonte; Rio de Janeiro: Ed. da UERJ, 2012.

DAMASCENO, Benedita Gouveia. *Poesia negra no Modernismo brasileiro*. Campinas: Pontes, 1988.

DANIEL, Cláudio. *Livro de orikis*. São Paulo: Patuá, 2015.

DAVIDSON, Basil. *Os africanos: uma introdução à sua história cultural*. Trad. de Fernando Maria Tomé da Silva. Lisboa: Edições 70, 1981.

DEPESTRE, René. "Atibon-Legba". In: PARA, Jean-Baptiste (Ed.). *Anthologie de la poésie française du XXe siècle*. Paris: Gallimard, 2000.

DERIVE, Jean; DUMESTRE, Gérard. *Des Hommes et des bêtes: chants de chasseurs mandingues*. Paris: Association Classiques Africaines, 2000.

DOS SANTOS, Juana Elbein. *Os nagô e a morte: Pade, Asèsè e o culto Egun na Bahia*. Petrópolis: Vozes, 1976.

DUARTE, Eduardo de Assis (Org.). *Literatura e afrodescendência no Brasil: antologia*. Belo Horizonte: Ed. UFMG, 2011. 4 v.

DUKE, Dawn (Org.). *A escritora afro-brasileira: ativismo e arte literária — Cristiane Sobral, Mel Adún, Conceição Evaristo, Débora Almeida, Esmeralda Ribeiro, Miriam Alves*. Belo Horizonte: Nandyala, 2016.

ELIOT, T. S. *Ensaios*. Trad. de Ivan Junqueira. São Paulo: Art Editora, 1989.

ENGLARO, Graziella. *Canti degli aborigeni australiani*. Milão: Mondadori, 1999.

F. OLIVEIRA, Emanuelle K. *Writing Identity: The Politics of Contemporary Afro-brazilian Literature*. West Lafayette/ Indiana: Purdue University Press, 2008.

FALEIROS, Álvaro. "Antropofagia modernista e perspectivismo ameríndio: Considerações sobre a transcriação poética desde Haroldo de Campos". *Ipotesi*, Revista de Estudos Literários. Programa de Pós-graduação em Estudos Literários, Faculdade de Letras, UFJF, Juiz de Fora, v. 17, n. 1, pp. 107-19, jan./jun. 2013.

FANON, Frantz. *Os condenados da terra*. Trad. de José Laurênio de Melo. 2. ed. Rio de Janeiro: Civilização Brasileira, 1979.

FEUSER, Willfried F. "Entre a tradição e a modernidade: impressões sobre a literatura nigeriana (2ª parte) — A literatura nigeriana em inglês". *África: literatura, arte, cultura*, Lisboa, v. 1, n. 3, ano 1, jan./mar. 1979.

FIGUEIREDO, Maria do Carmo Lanna; FONSECA, Maria Nazareth Soares (Orgs.). *Poéticas afro-brasileiras*. 2. ed. Belo Horizonte: Mazza Edições; Ed. PUC--Minas, 2012.

FONSECA, Maria Nazareth Soares. "Impurezas e hibridações: textos em transformação". *Aletria*, Belo Horizonte, UFMG, 2002. Disponível em: <http://www.letras.ufmg.br/poslit>.

_____ (Org.). *Brasil afro-brasileiro*. Belo Horizonte: Autêntica, 2000.

FOUCAULT, Michel. *Isto não é um cachimbo*. Trad. de Jorge Coli. 5. ed. Rio de Janeiro: Paz e Terra, 1988.

FREITAS, Henrique. *O arco e a arkhè: ensaios sobre literatura e cultura*. Salvador: Ogum's Toques Negros, 2016.

FREYRE, Gilberto. *Manifesto regionalista*. Disponível em: <http://www.ufrgs.br/cdrom/freyre/freyre.pdf>.

FRIEDRICH, Hugo. *Estrutura da lírica moderna: da metade do século XIX a meados do século XX*. Trad. de Marise M. Curioni e Dora F. da Silva. 2. ed. São Paulo: Duas Cidades, 1991.

FROTA, Lélia Coelho. *Pequeno dicionário da arte do povo brasileiro: século XX*. Rio de Janeiro: Aeroplano, 2005.

_____. "Criação liminar na arte do povo: a presença do negro". In: ARAÚJO, Emanoel (Org.). *A mão afro-brasileira: Significado da contribuição artística e histórica*. São Paulo: Tenenge, 1988.

GEERTZ, Clifford. *A interpretação das culturas*. Rio de Janeiro: Guanabara Koogan, 1989.

GILROY, Paul. *O Atlântico negro: modernidade e dupla consciência*. Trad. de Cid Knipel Moreira. São Paulo: Ed. 34; Rio de Janeiro: Universidade Candido Mendes, 2001.

GLISSANT, Édouard. *Introdução a uma poética da diversidade*. Trad. de Enilce Albergaria Rocha. Juiz de Fora: Ed. UFJF, 2005.

GOMES, Núbia P. de M.; PEREIRA, Edimilson de Almeida e. *Negras raízes mineiras: os Arturos*. 2. ed. Belo Horizonte: Mazza Edições, 2000.

GONÇALVES, Ana Maria. *Um defeito de cor*. 2. ed. Rio de Janeiro: Record, 2007.

GRAÚNA, Graça. *Contrapontos da literatura indígena contemporânea no Brasil*. Belo Horizonte: Mazza Edições, 2013.

HALL, Stuart. *A identidade cultural na pós-modernidade*. 11. ed. Trad. de Tomaz Tadeu da Silva e Guaracira Lopes Louro. Rio de Janeiro: DP&A, 2006.

HAUSER, Arnold. *Maneirismo: a crise da Renascença e a origem da arte moderna*. Trad. de Magda França. São Paulo: Perspectiva; Edusp, 1976.

HILL, Pascoe Grenfell. *Cinquenta dias a bordo de um navio negreiro*. Trad. de Marisa Murray. Rio de Janeiro: José Olympio, 2006.

HOCKE, Gustav R. *Maneirismo: o mundo como labirinto*. Trad. de Clemente Raphael Mahl. São Paulo: Perspectiva; Edusp, 1974.

JAHN, Janheinz. *Las literaturas neo-africanas*. Madri: Guadarrama, 1971.

KOSBY, Marília Floôr. *Os baobás do fim do mundo*. 2. ed. Porto Alegre: Après Coup; Escola de Poesia, 2015.

LAMBERT, Jacques. *Os dois Brasis*. 7. ed. São Paulo: Companhia Editora Nacional, 1972.

LARKIN NASCIMENTO, Elisa. "O movimento social afro-brasileiro no século XX: um esboço sucinto". In: _____ (Org.). *Cultura em movimento: matrizes africanas e ativismo negro no Brasil*. São Paulo: Selo Negro, 2008. (Sankofa: matrizes africanas da cultura brasileira, 2).

LÈPINE, Claude. "Os estereótipos da personalidade no Candomblé Nàgó". In: MOURA, Carlos Eugênio Marcondes de (Org.). *Olóòrìsà: escritos sobre a religião dos orixás*. São Paulo: Ágora, 1981.

LIMA, Jorge de. *Novos poemas; Poemas escolhidos; Poemas negros*. Rio de Janeiro: Lacerda Editores, 1997.

LIMA, Vinícius. "A transnegressão de Arnaldo Xavier". *Mal-estar imperfeito*, 25 fevereiro 2009. Disponível em: <https://brgaudencio.wordpress.com/2009/02/25/a-transnegracao-arnaldo-xavier-e-o-seu-lugar-de-marginalidade-no-campo-literario-brasileiro/>.

LIMEIRA, José Carlos. *Encantadas*. Salvador: Ogum's Toques Negros, 2015.

LOPES, Nei. *Novo dicionário banto do Brasil*. Rio de Janeiro: Pallas, 2003.

LOPES, Edward; CAÑIZAL, Eduardo Peñuela. *O mito e sua expressão na literatura hispano-americana*. São Paulo: Duas Cidades, 1982.

LUZ, Marco Aurélio. *Cultura negra e ideologia do recalque*. Rio de Janeiro: Achiamé, 1983.

MACHADO, Lourival Gomes. *Barroco mineiro*. São Paulo: Perspectiva, 1969.

MACHADO FILHO, Aires da Mata. *O negro e o garimpo em Minas Gerais*. Belo Horizonte: Itatiaia; São Paulo: Edusp, 1985.

MARANHÃO, Salgado et al. *Treze poetas impossíveis: ebulição da escrivatura*. Rio de Janeiro: Civilização Brasileira, 1978.

MARIANO DE CARVALHO, Vinícius; GAVIOLI, Nicola (Ed.). *Literature and Ethics in Contemporary Brazil*. Londres: Routledge, 2017.

MARTINS, Leda Maria. *A cena em sombras*. São Paulo: Perspectiva, 1995.

MARTINS, Leda Maria. *Afrografias da memória: o reinado do Rosário no Jatobá.* São Paulo: Perspectiva; Belo Horizonte: Mazza Edições, 1997.

_____. "A oralitura da memória". In: FONSECA, Maria Nazareth Soares (Org.). *Brasil afro-brasileiro.* Belo Horizonte: Autêntica, 2000.

MARQUES, Fabrício (Org.). *Dez conversas: diálogos com poetas contemporâneos.* Belo Horizonte: Gutemberg, 2004.

MATTOS, Hebe; BESSONE, Tânia; MAMIGONIAN, Beatriz (Orgs.). *Historiadores pela democracia: o golpe de 2016 e a força do passado.* São Paulo: Alameda Editorial, 2016.

MENDES, Murilo. *Poesia completa e prosa.* Rio de Janeiro: Nova Aguilar, 1994.

MENDONÇA, Renato. *A influência africana no português do Brasil.* 4. ed. Rio de Janeiro: Civilização Brasileira, 1973.

MORAES, Vinícius de. *Para uma menina com uma flor: 1966.* São Paulo: Companhia das Letras, 2009.

MOREIRA, Antônio Sérgio. *Diaspora: corps d'azeviche aux yeux rouges et coeur de feu.* Paris: Galerie Ricardo Fernandes, fev./mar. 2013.

MOREJÓN, Nancy. *Where the Island Sleeps Like A Wing: Selected Poetry by Nancy Morejón.* Trad. de Kathleen Weaver. San Francisco: The Black Scholar Press, 1997.

MOTTA, Waldo. *Bundo e outros poemas.* Campinas: Ed. Unicamp, 1996.

MOURA, Carlos Eugênio Marcondes de (Org.). *As senhoras do pássaro da noite: escritos sobre a religião dos orixás V.* São Paulo: Edusp; Axis Mundi, 1994.

MUGGIATI, Roberto. *Blues: Da lama à fama.* 3. ed. Rio de Janeiro: Ed. 34, 1995. (Ouvido Musical).

NASCIMENTO, Abdias. *Axés do sangue e da esperança: orikis.* Rio de Janeiro: Achiamé; RioArte, 1983.

OLIVEIRA, Dú. *Xirê: A brincadeira lírica (um livro de mito-poema).* Salvador: Ogum's Toques Negros, 2016.

OLIVEIRA, Heleno. *Se fosse vera la note.* Roma: Zone Editrici, 2003.

_____. *Oropa França Bahia.* Florença: Meridiana, 2004.

OLIVEIRA, Luiz Henrique Silva de. *Negrismo: percursos e configurações em romances brasileiros do século XX (1928-1984).* Belo Horizonte: Mazza Edições, 2014.

PEREIRA, Amílcar Araújo. "Linhas (da cor) cruzadas: relações raciais, imprensa negra e Movimento Negro no Brasil e nos Estados Unidos". In: PEREIRA, Amauri Mendes; SILVA, Joselina da. *O Movimento Negro Brasileiro: escritos sobre os sentidos de democracia e justiça social no Brasil*. Belo Horizonte: Nandyala, 2009.

PEREIRA, Edimilson de Almeida. *A saliva da fala: notas sobre a poética banto--católica no Brasil*. Rio de Janeiro: Azougue Editorial, 2017.

_____. *As coisas arcas: obra poética 4*. Belo Horizonte: Mazza Edições; Juiz de Fora: Funalfa, 2003.

_____. *e. Il*. de Antônio Sérgio Moreira. São Paulo: Patuá, 2016.

_____. *homeless*. Belo Horizonte: Mazza Edições; Juiz de Fora: Sans Chapeau, 2010.

_____. "Inumeráveis cabeças: Tradições afro-brasileiras e horizontes da contemporaneidade". In: FONSECA, Maria Nazareth Soares (Org.). *Brasil afro-brasileiro*. Belo Horizonte: Autêntica, 2000.

_____. *Livro de falas/ Book of Voices*. Edição bilíngue português/inglês. Trad. de Steven White. Imagens de Antônio Sérgio Moreira. Belo Horizonte: Mazza Edições; Juiz de Fora: Funalfa, 2008.

_____. *Lugares ares: obra poética 2*. Belo Horizonte: Mazza Edições, 2003.

_____. *maginot, o*. Belo Horizonte: Mazza Edições; Juiz de Fora: Sans Chapeau, 2015.

_____. *Malungos na escola: questões sobre culturas afrodescendentes e educação*. São Paulo: Paulinas, 2007.

_____. *Os tambores estão frios: herança cultural e sincretismo religioso no ritual de Candombe*. Belo Horizonte: Mazza Edições; Juiz de Fora: Funalfa, 2005.

_____. *Poemas para ler com palmas*. Il. de Maurício Negro. Belo Horizonte: Mazza Edições, 2017.

_____. *Signo cimarrón*. Belo Horizonte: Mazza Edições, 2005.

_____ (Org.). *Um tigre na floresta de signos: estudos sobre poesia e demandas sociais no Brasil*. Belo Horizonte: Mazza Edições, 2010.

_____. *Zeosório blues: obra poética 1*. Belo Horizonte: Mazza Edições, 2002.

_____. BRITO, Ricardo Aleixo de. *A roda do mundo*. 2. ed. Belo Horizonte: Objeto Livro/ Segrac, 2004.

_____. DAIBERT JR., Robert (Orgs.). *Depois, o Atlântico: modos de pensar, crer e narrar na diáspora africana*. Juiz de Fora: Ed. UFJF, 2010.

_____. GOMES, Núbia P. de M. *Ardis da imagem: exclusão étnica e violência nos discursos da cultura cultura brasileira*. Belo Horizonte: Mazza Edições, 2001.

PEREIRA, Edimilson de Almeida; GOMES, Núbia P. de M. *Ouro Preto da palavra: narrativas de preceito do Congado em Minas Gerais*. Belo Horizonte: Ed. PUC-MG/ Mazza Edições, 2003.

PIETROFORTE, Antonio Vicente Seraphim. "Resenha do *Livro de orikis*, de Cláudio Daniel". *Musa Rara*, 10 fev. 2016. Disponível em: <http://www.musarara.com.br/livro-dos-orikis>.

PRANDI, Reginaldo. *Mitologia dos orixás*. São Paulo: Companhia das Letras, 2001.

PROENÇA FILHO, Domício. *Dionísio esfacelado: Quilombo dos Palmares*. Rio de Janeiro: Achiamé, 1984.

RAMOS, Arthur. *As culturas negras: introdução à antropologia brasileira*. Rio de Janeiro: Livraria Editora da Casa do Estudante do Brasil, s/d. v. III.

RATTS, Alex. *Eu sou Atlântica: sobre a trajetória de vida de Beatriz Nascimento*. São Paulo: Imprensa Oficial do Estado de São Paulo, 2007.

_____. GOMES, Bethânia (Orgs.). *Todas (as) distâncias: poemas, aforismos e ensaios de Beatriz Nascimento*. Il. de Iléa Ferraz. Salvador: Ogum's Toques Negros, 2015.

RISÉRIO, Antonio. *A utopia brasileira e os movimentos negros*. São Paulo: Ed. 34, 2007.

_____. *Oriki Orixá*. São Paulo: Perspectiva, 1996.

_____. *Textos e tribos: poéticas extraocidentais nos trópicos brasileiros*. Rio de Janeiro: Imago, 1993.

ROCHA, Reuben da Cunha. "Ricardo Aleixo, um grafador da movência". *Semeiosis: semiótica e transdisciplinaridade em revista*, São Paulo, ECA/USP, 2011. Disponível em: <http://www.semeiosis.com.br/ricardo-aleixo-e-as-grafias-da-movencia>.

RODRIGUES, Felipe Fanuel Xavier. "(Re)tradução intercultural de literatura afrodescendente e seus contextos". *Palara:* Publication of the Afro-Latin/American Research Association, Charleston, College of Charleston, n. 19, 2015.

ROSA, Allan da. *Reza de mãe*. São Paulo: Nós, 2016.

SANTOS, Joel Rufino dos. *O que é racismo*. 8. ed. São Paulo: Brasiliense, 1985.

SCHERER, Telma. "O peixe não segura a mão de ninguém: écfrases de Ricardo Aleixo". *Elyra: Revista da Rede Internacional Lyracompoetics*, n. 8, dez. 2016. Disponível em: <http://www.elyra.org/index.php/elyra/article/view/160/178>.

SERRA, Ordep. *Águas do rei*. Petrópolis: Vozes; Rio de Janeiro: Koinonia, 1995.

SERAFIM, Vanda Fortuna; ANDRADE, Solange Ramos de. "O conceito de campo religioso e o estudo das religiões africanas no Brasil". *Revista Brasileira de História das Religiões — ANPUH*, Maringá (PR), v. 1, n. 3, 2009.

SILVA, Teresa Cristina Cerdeira da. *José Saramago — entre a história e a ficção: uma saga de portugueses*. Lisboa: Publicações Dom Quixote, 1989.

SILVEIRA, Oliveira. *Roteiro dos tantãs*. Porto Alegre: Edição do Autor, 1981.

_____. *Orixás*. Il. de Pedro Homero. Porto Alegre: Secretaria Municipal da Cultura/Unidade Editorial Porto Alegre, 1995.

SODRÉ, Nélson Werneck. *O ofício de escritor: dialética da literatura*. Rio de Janeiro: Civilização Brasileira, 1965.

SODRÉ, Muniz. *A verdade seduzida: por um conceito de cultura no Brasil*. 2. ed. Rio de Janeiro: Francisco Alves, 1988.

SOUZA, Florentina da Silva. *Afrodescendência em Cadernos Negros e Jornal do MNN*. Belo Horizonte: Autêntica, 2005.

TILLIS, Antonio D. (Ed.). *(Re)considering Blacknessin in Contemporary Afro--Brazilian (Con)texts*. Nova York: Peter Lang, 2011.

TRINDADE, Liana M. Salvia. "Exu: poder e magia". In: MOURA, Carlos Eugênio Marcondes de (Org.). *Olóòrìsà: escritos sobre a religião dos orixás*. São Paulo: Ágora, 1981.

TUGNY, Rosângela Pereira de. *Cantos e histórias do gavião-espírito*. Rio de Janeiro: Azougue, 2010.

_____. *Cantos e histórias do morcego-espírito e do hemex*. Rio de Janeiro: Azougue, 2009.

VASCONCELOS MACHADO, Rodrigo (Org.). *Panorama da literatura negra ibero--americana*. Curitiba: Imprensa Universidade Federal do Paraná, 2015.

_____ (Org.). *O ensaio negro ibero-americano em questão: apontamentos para uma possível historiografia*. Curitiba: Universidade Federal do Paraná, 2016.

VERGER, Pierre Fatumbi. *Orixás: deuses iorubás na África e no Novo Mundo*. São Paulo: Corrupio, 1981.

WALTER, Roland. *Afro-América: diálogos literários na diáspora negra das Américas*. Recife: Bagaço, 2009.

WHITE, Steven. Entrevista e antologia do *Livro de falas*. *Callaloo*, Virginia, Universidade da Virgínia/Editora Universitária John Hopkins, v. 19, n. 1, fev. 1996.

ZILBERMAN, Regina; MOREIRA, Maria Eunice. *O berço do cânone: textos fundadores da história da literatura brasileira*. Porto Alegre: Mercado Aberto, 1998.

Índice remissivo

abolição da escravatura, centenário
    da, 100
Abreu, Capistrano de, 68
Achebe, Chinua, 85, 117
adinkra, 77
África, 62, 76-7, 161; colonialismo
    europeu na, 32; história da,
    50; reivindicações contra o
    colonialismo na, 31
*africanos: Uma introdução à sua
    história cultural, Os* (Davidson),
    100
afrodescendência/afrodescendentes,
    11-4, 22-4, 26-7, 29, 37, 40-1, 47,
    49-51, 55, 58, 60, 62, 64, 69, 77,
    80, 83-4, 86, 90, 92-4, 100, 105-6,
    109-10, 135, 199; autoras, 40;
    comunidades de, 58, 95; dupla
    consciência, 27; expressões
    literárias no Brasil, 89; herança
    cultural, 34, 113; no Brasil,
    significado, 58; percepção
    negativa destinada aos, 89; prosa
    de ficção, 49; representações
    estereotipadas dos, 60; situação
    de ameaça diária aos, 63; sujeito,
    88; terreiros, 57; valorização
    das heranças, 35

*Afrografias da memória. O reinado do
    Rosário no Jatobá* (Martins), 95,
    100-2, 108, 109, , 115
agenda neoliberal, 50
Agustoni, Prisca, 13, 135-6, 168, 175,
    178, 180, 182-3
Aleixo, Ricardo, 48, 116, 135, 152, 157-8,
    160-1, 164-5, 173-4, 176-81, 185-9,
    194, 196, 205
Alencar, José de, 23
Alves, Miriam, 34
Amado, Jorge, 23
Amaral, Rita, 118
Andrade, Oswald de, 68, 90, 119
Anganga muquiche, 102
Anjos, Jorge dos, 149
antitradição, 90
antropofagia, 90
*arco e a arkhè: Ensaios sobre
    literatura e cultura, O* (Freitas), 56
"Arkhè eurografocêntrica", 58
Assis Duarte, Eduardo de, 27, 57
Assumpção, Carlos de, 35
"Atibon-Legba", 154, 162
*Atlântico em movimento: signos
    da diáspora africana na poesia
    contemporânea de língua
    portuguesa, O* (Agustoni), 13, 135

Atlântico Negro, 12, 83, 92, 180
Atlântico negro, O (Gilroy), 91
Augel, Moema Parente, 27
Augras, Monique, 84, 127
Augusto, Ronald, 48, 191
autoria afrodescendente, 17
autoria negra, 31, 43
Axés do sangue e da esperança: Orikis (Nascimento), 145
Azevedo, Aloísio, 23

"Balada de los dos abuelos" (Guillén), 33
Ballagas, Emilio, 33
banto, 28, 69, 72, 76, 89-93, 97, 188, 198, 200; filosofia, 77; matriz, 84, 88; panteão, 98;
banto-católica, 93, 200; herança, 94; melangé, 69; procedência, 28
Bará, 125, 126, 158, 165, 167, 168
Bará (Pedro Homero), 149, 166
Barroco, 52, 53, 78, 129
Barthes, Roland, 193
Bastide, Roger, 21, 84, 86-7
batuque do Rio Grande do Sul, O (Corrêa), 168
Bopp, Raul, 70
Bosi, Alfredo, 68, 107
Bourdieu, Pierre, 119
Bundo e outros poemas (Motta), 191
Burton, Richard, 100

caboclinhos, 96
Cada tridente em seu lugar e outras crônicas (Silva), 60
Caillois, Roger, 172
Caldas Barbosa, Domingos, 63
Callaloo, revista, 80
Calunga, 98
Camargo, Oswaldo de, 60, 63
Caminha, Pero Vaz de, 22
"caminho da Casa-de-Nação, No" (Oliveira Silveira), 166
campo poético, 120-2
campo religioso, 120

campo religioso, conceito de, 119
Campos, Haroldo de, 90, 130
Candido, Antonio, 68
candombe, 97
"Candombe" (Palés Matos), 34
candomblé, 69, 82, 93, 122, 166-7, 181; mitos do, 80-1
cânone literário, 24-8, 43, 66, 69, 89, 110-1, 117, 181, 196; nacional, 43
Canti degli aborigeni australiani (Englaro), 116
cantopoemas, 28, 69-70, 76, 89, 94-5, 99, 114, 117
cantopoeta, 114
Cantos e histórias do gavião-espírito (Tugny), 116
Cantos e histórias do morcego--espírito e do hemex (Tugny), 116
Cantos sagrados do Xangô do Recife (Carvalho), 115, 121
capoeira, 88
Caribe, 32-4, 37
Carneiro, Edson, 84, 126
Carroll, Lewis, 48
Carvalho, José Jorge de, 57, 115, 121, 127, 133
casas de santo, 14, 122-3, 195
Catatau (Leminski), 48
catopê, 96
Césaire, Aimé, 31, 128, 152-3, 160-1
Chamoiseau, Patrick, 27
"Cine-olho" (Aleixo), 174, 176-8, 187, 194
Cinquenta dias a bordo de um navio negreiro (Hill), 24
Coelho Frota, Lélia, 149
"coisas de negros", 89
coletivos culturais, 45-6
Colina, Paulo, 63
colonialismo, 11, 31-2, 71; europeu, 85
colonizador, 92; língua do, 32, 71
Comunidade do Jatobá, 95
Comunidades: afrodiaspóricas, 57; devocionais, 114-5; indígenas, 58
comunidades negras, 70
congado, 69, 93-100, 105, 107, 110-2, 114, 117, 120; poética do, 115

congo, 96
contraste/síntese, lógica, 21, 23, 24, 29-30, 45, 47, 49, 52, 54, 60, 63
Corrêa, Norton F., 168
Correia, Lepê, 152, 159-61
cortejos, 96
cortiço, O (Azevedo), 23
Costa, Sosígenes, 195
Costa Lima, Vivaldo da, 84
Coutinho, Afrânio, 68
Cuba, 33, 91, 201
cultura afro-brasileira, 12, 79, 81, 109, 181; definição de, 131; negra, 70, 86, 93; no Brasil, 70
Cuti (Luís Silva), 34, 59, 63

Damas, Léon, 31
danças rituais, 96
Daniel, Cláudio, 116, 147, 162, 164
Davidson, Basil, 100
defeito de cor, Um (Gonçalves), 60-2
Departamento de Patrimônio Imaterial (DPI), 106
Depestre, René, 135, 152, 154-5, 157, 160-1, 164
Derive, Jean, 116
descoberta do frio, A (Camargo), 60
desigualdade social, 20
devotos, 12, 93-9, 102, 104, 108-9, 112, 116, 122, 125, 130, 137, 148, 151, 161, 168, 195-6; acervo dos, 137; convivência entre orixás e, 123
Dias, Henrique, 26
diáspora africana, 13, 27, 61, 63-4, 67, 75, 88-9; comunidades da, 46; degradação social das comunidades da, 51
diáspora negra, 23, 47, 49-50, 54, 196
Dionísio esfacelado (Proença Filho), 195
direitos humanos, reconhecimento dos, 31
discriminação racial, 11, 31, 41, 60
discurso literário afrodiaspórico, 58

"Dudu Calunga"(Costa), 195
Duke, Dawn, 37, 48
Dumestre, Gérard, 116

Elbein dos Santos, Juana, 115, 124, 127
eleição presidencial, discurso do país dividido, 22
Eliot, T. S., 66-8, 84-5
embaixadas, 96
"Emissários" (Pereira), 184
Encantadas (Limeira), 38
Englaro, Graziella, 116
ensalmos, 94
"entrada de serviço", 87
epistemologia afrodiaspórica, 13, 57, 66, 83, 85-9, 92-3, 117, 130, 200
epistemologia banto, 93
equação *contraste/síntese*, 22
escravidão, 11, 30, 44, 55, 85, 83, 109, 149; tráfico, 24, 47, 63, 169
Estados Unidos, segregação racial nos, 32
Europa, 31-3, 201
europeísmo, 28
Evaristo, Conceição, 39, 59-60, 63
exclusão étnica, 20, 58, 87; denúncia da, 62
exclusão social, 45, 47; e violência, denúncia da, 35
Exu, 12-4, 59, 72, 78, 81, 84-5, 114, 122-32, 134-8, 147-9, 151, 160, 162, 164-5, 167-8, 170-2, 174-7, 179-83, 185, 187, 189-90, 192-5, 197-200, 202; cartografia da interferência estética de, 80; definição segundo Pierre Verger, 126; dicção de, 78; estética literária da simbologia de, 117; mito de, 136; mitopoética de, 82, 161; nomes dedicados a, 164; nomes e derivados, 125-6; para Monique Augras, 127; segundo Antonio Risério, 127; segundo José Jorge de Carvalho, 127; segundo Juana Elbein dos Santos, 127
"Exu comeu tarubá" (Lima), 194

Exunouveau, 13-4, 84, 86, 93, 114, 135-6, 138, 162, 170-2, 176, 178-9, 181-5, 187-9, 191, 193-4, 196-8, 201-2

Faleiros, Álvaro, 90
"Família lugar" (Pereira), 188
Festim (Aleixo), 173
figuras heroicas negras, 36
filhos de Zambi, 99
Finnegans wake (Joyce), 47-8
Folha de S.Paulo, 164
Formação da literatura brasileira: Momentos decisivos (Candido), 68
Freitas, Henrique, 56-8
Freyre, Gilberto, 21, 84
Friedrich, Hugo, 184-5

Gabriela, cravo e canela (Amado), 23
Galáxias (Campos), 130
Gama, Luís, 41
Gates, Henry Louis, 182
Geertz, Clifford, 191, 193, 197
gestões horizontais, proposta das, 45
Gilroy, Paul, 12, 27, 82-3, 89, 91
Glissant, Édouard, 27, 82-3, 89, 201
Gomes, Núbia P. M., 12, 115
Gonçalves, Ana Maria, 60, 61, 62, 63
Gonçalves da Silva, Vagner, 118
Gonçalves Dias, 23
Grande sertão: veredas (Guimarães Rosa), 47
"grito", 77, 87, 149, 159
Guerra do Paraguai, intervenção de Exu, 59
Guillén, Nicolás, 33
Guimarães Rosa, 47
Guinsburg, J., 103

Habsburgo-Lorena, Carolina Josefa Leopoldina Francisca Fernanda de, *ver* Leopoldina, imperatriz
Hall, Stuart, 12, 82-3, 89
Hauser, Arnold, 53
hibridismo, 70, 92
Hill, Pascoe Grenfell, 24

história e cultura afro-brasileira, ensino de, 50
Hocke, Gustav René, 53
Homeless (Pereira), 14, 49
Homero, Pedro, 147-8
homicídios, 31, 51
hommes et des bêtes: chants de chasseurs mandingues, Des (Derive e Dumestre), 116
horror, enfrentamento do, 63

"ideia fixa", 18-9
Ilíada (Homero), 95
imprensa negra, 46
"indizível", 122-3, 194
ingoma, 98
"Instinto de nacionalidade" (Machado de Assis), 68
Instituto do Patrimônio Histórico e Artístico Nacional (Iphan), 105
Inventário Nacional de Referências Culturais (INRC), pesquisas brasileiras realizadas por meio do, 106
invocações sagradas, 94
iorubá, 11, 14, 72, 76, 80, 89-93, 117, 121, 129, 131-2, 135, 137, 169-70, 172, 174, 176-78, 181-2, 184, 187, 195-200, 202; classicismo, 139; cosmogonia, 124; heranças, 84; legado cultural no Brasil, 85; matriz, 84, 88; mitologia, 80; mitopoética, 161; mitos, 82; narrativas, 131; patrimônio oral, 122; processo discursivo, 125; textualidade, 72, 75; tradição, 138; viés literário, 133
Iracema (Alencar), 23
Irmandade de Nossa Senhora do Rosário do Jatobá, 102, 108
Irmandades, 95

Jahn, Janheinz, 71
Joyce, James, 47-8
Junqueira, Ivan, 67

ketu, 81, 167

Lambert, Jacques, 21
Lambert, Jean-Clarence, 172
lei nº 10.639, 12, 50
Leminski, Paulo, 48
Leopoldina, imperatriz, 19, 22
Lépine, Claude, 123
Levantado do chão (Saramago), 61
Lima, Jorge de, 70, 135, 194, 196
Lima, Vinícius, 48
Limeira, 35, 38, 196
Limeira, José Carlos, 35, 38-41; confronto com as poéticas das poetas negras, 41
língua, 13, 17, 131, 133, 135; do colonizador, 32, 71; estrangeira, 75; padrão, 104; portuguesa, 72, 78
linguagem sagrada, 114-6
literatura brasileira, 12, 17, 29, 37, 41, 44, 46-7, 57, 61-2, 64, 68, 75, 90, 118, 121, 133, 151, 198-9; canônica, 49; condição de viver sitiado dos autores e autoras negras, 51; intervenções dos sujeitos negros na, 41; presença do negro na, 24
literatura de fundação, 58
literatura negra e/ou afro-brasileira, 26-8, 34, 37-8, 44, 46-7, 54-9, 63-4; feição crítico-maneirista, 64
literaturas africanas, 76
Livro de falas (Pereira), 14, 80-4, 116, 181-2
Livro de orikis (Daniel), 116, 164, 166, 174
Lopes, Edward, 28
Lopes, João (Alcides André), 102-3
Lopes, Nei, 72
lúdico-barroco, paradigma, 30, 44, 52-3
Luz, Mário Braz da, 87

Machado de Assis, Joaquim Maria, 18, 68
Machado, Lourival Gomes, 52
maginot, o (Pereira), 14, 186
Magritte, René, 183-4

Maneirismo, 53
"Manifesto antropófago" (Andrade), 68
"Marabá" (Gonçalves Dias), 23
Maranhão, 161, 164
Mariano Guimarães, Geni, 34
Marques, Eliane, 48
Martins, Leda Maria, 12, 27, 57, 86, 89, 93-5, 100, 102-3, 108-9, 111-2, 114-5, 201
marujo, 96
Mata Machado Filho, Airs da, 72
matrizes culturais, 11, 14, 26, 28, 41, 58, 92-3, 110, 166, 198; afrodiaspóricas, 85; africanas, 55; indígenas e africanas, 29
medida provisória nº 726, 50
Memórias póstumas de Brás Cubas (Machado de Assis), 18
Mendes, Murilo, 177
Mendonça, Renato, 72
mestre Didi, 81
"Middle Passage", 188
Minas Gerais, 61, 95-6, 100, 105-6; populações negras de, 95
mitologia iorubá, 80
mitopoética, 13-5, 82, 146, 148, 150-1, 161, 179, 185, 194, 198, 200, 202-3
moçambique, 96, 114
Modernismo, 48, 65, 70
Molano, Adriana, 106
Moraes, Vinicius de, 20
Moreira, Antônio Sérgio, 149
Moreira, Maria Eunice, 68
Morejón, Nancy, 135, 152-4, 160-1, 164, 184
Mota, Waldo, 196
Motta, 191, 193, 194
Motta, Waldo, 191, 192
movimentos sociais afro-brasileiros, 46
mulheres negras, 37-40, 42, 82, 142; experiência autoral das, 41; ordem patriarcal e misoginia no sistema literário ocidental, 42; processo de luta das, 42

multilinguismo, 71
Muniz Sodré, 66, 89
"musa de azeviche", 41

"Nacional por subtração" (Schwarz), 68
nagô e a morte. Pade, Asèsè e o culto Egun na Bahia, Os (Elbein dos Santos), 115
Nascimento, Abdias do, 135, 139, 144-6, 150, 161; poeta-pintor, 147
Naturalismo, 48, 65, 89
"Navio negreiro" (Trindade), 36
Negras raízes mineiras: Os Arturos (Gomes e Pereira), 12, 86, 115
Negritude, 32, 34, 36; autores da, 32; literária, 31; "orgulho da singularidade do negro", 32; poetas da, 32
"Negro Bembon" (Guillén), 33-4
Negros em contos (Cuti), 59
Neoclassicismo, 139
neopentecostalismo, 100
Nossa Senhora do Rosário, 94-5, 97-9; devotos de, 93, 95; mito, 96; *ver também* Irmandade de Nossa Senhora do Rosário do Jatobá
Nunes, Sebastião, 174

O que é racismo (Santos), 30
Odisseia (Homero), 95
Odù Ifá, 73
ofício de escritor: dialética da literatura, O (Werneck Sodré), 17
Oliveira Martins, Joaquim Pedro de, 29
Oliveira Silveira, 35, 116, 147-8, 150, 166-8, 181, 185
Olodumaré, 73
orações, 94
oralidade, 94, 103-4, 112, 120
oralitura, 110-2
Orfe(x)u, 13-4, 84-5, 93, 114, 135-9, 145, 148, 150, 161, 165, 168-70, 174, 179-81, 183, 187, 190-1, 196-8, 201-2; *ars combinatoria*, 137; conceito, 86

Orfe(x)u/ Exunouveau, 201-2
Orfeu, mito de, 137
Oriki de Orunmilá (Daniel), 166
Oriki Orixá (Risério), 121
orikis, 69, 76, 89, 117, 123, 125, 130, 132-3, 138, 176, 185; discursos e poemas, 122; linguagem polifônica dos, 70; procedência dos, 28; tradição dos, 117
Orixás (Oliveira Silveira e Homero), 116, 147, 149
orixás, Os (Verger), 166
Ortiz, Adalberto, 33
Orumilá, 124, 128

"Padê de Exu libertador" (Nascimento), 139-145
Padê de Exu (Nascimento), 145-6
palavra-valise, 48
Palés Matos, Luis, 33-4
"Para uma mulher" (Limeira), 38
patrimônio cultural, 31
Patrimônio Cultural do Brasil, 106
patrimônio linguístico afrodiaspórico, 72
Patrocínio, Stela do, 28
Pedro Homero, 148-50, 166
Pedro I, d., 19
penacho, 96
Peñuela Cañizal, Eduardo, 28
Pereira, Edimilson de Almeida, 12, 115-6, 152, 159-61, 182, 184-5, 188, 205
perquirição etnográfica, 90
persona poética, 41
personagens negros, 62
pesquisador, 56, 100-3, 112, 125
Pessoa de Castro, Yeda, 72
Pestre de Almeida, Lilian, 128
"pilhagem epistemológica", 58
poesia negrista, 39
Poesia Negrista, 33-4, 36-7
poetas negros, 31, 39, 41
poéticas africanas, 70
poéticas da voz, 96
Ponciá Vicêncio (Evaristo), 59-60

porta dos fundos, 87
"Praia do Pinto" (Moraes), 20
práticas do sagrado, 79
"pretinhos do rosário", 98-9
Proença Filho, Domício, 194-6

quilombolas, assédio aos
    descendentes de, 100

racismo/racistas, 31, 45, 100;
    denúncia do, 43
Ramos, Arthur, 84, 126
Realismo, 48-9, 65, 89
Rede Globo, 164
Reinado do Jatobá, 102
religiões afro-brasileiras, 99, 118
Renascimento, 52-3, 67
Reza de mãe (Rosa), 49
Ribeiro, Esmeralda, 34
Ribeiro, João Ubaldo, 59
Rio de Janeiro, 12, 19, 24, 62
Risério, Antonio, 48, 57, 69-70, 116-7,
    121-2, 127, 133, 165; transcriação de
    um oriki de Exu, 128
Ritual de Exu (Nascimento), 146
Roça barroca (Vianna Baptista), 116
Rocha, Reuben da, 179
roda do mundo, A (Aleixo e Pereira),
    116, 174, 188, 205
Rodrigues, Abelardo, 34
Rodrigues, Nina, 84
Romantismo, 89
Romero, Sílvio, 68
Ronald Augusto, 189-91, 194, 196
Rosa, Allan da, 49
Rousseff, Dilma, 165; impeachment,
    164

saberes culturais afrodiaspóricos, 83
Salgado Maranhão, 135, 152, 158-9,
    161, 185
*saliva da fala: notas sobre a poética
    banto-católica no Brasil, A*
    (Pereira), 116

Salvaguarda do Patrimônio Cultural
    Imaterial, projeto multinacional
    de, 105-6
Salvia Trindade, Liana M., 124
samba, 20, 88, 195
santa Efigênia, 98
Santana Braga, Júlio, 84
Santiago, Silvano, 68
Santos Xavier, Armando, 149
Santos Xavier, Cândido, 149-50
Santos, Deoscóredes Maximiniano
    dos (mestre Didi), 81
Santos, Joel Rufino dos, 30
Santos, Juana Elbein dos, 84
são Benedito, 98
Saramago, José, 61
Schwarz, Roberto, 68
Secretaria de Políticas de Promoção
    da Igualdade Racial (SEPPIR), 50-1
Segato, Rita Laura, 84
Senghor, Léopold Sédar, 31
SEPPIR, *ver* Secretaria de Políticas de
    Promoção da Igualdade Racial
Serra, Ordep, 75, 151
Silva, Cidinha da, 60
Silva, Jônatas C. da, 36
Silva, Luís, *ver* Cuti
símbolos, reapropriação positiva de,
    35
sincretismo, 93
Siqueira, Maria de Lourdes, 84
Sistema de Cotas, 50
Soares Fonseca, Maria Nazareth, 27,
    162
Sociedade Etnográfica de Londres,
    100, 101
Somerlate Barbosa, Maria José, 182,
    187-8
Souza, Florentina, 57
sujeito enunciador negro, afirmação
    de um, 34

Tamba (Cândido Santos Xavier), 149
teatro do sagrado, 97
Temer, Michel, 50

tempo e o vento, O (Veríssimo), 62
tensão enraizerrante, 116
teoria literária, 28, 115-6
terreiros de santo, 12, 107, 114
territórios afrodiaspóricos, 77
"texto criativo africano", 75-6
Textos e tribos: Poéticas extraocidentais nos trópicos brasileiros (Risério), 116, 121-2
textos sagrados, acervo, 122
textualidades africanas, 59, 77
tigre na floresta de signos, Um (Almeida Pereira org.), 54
"Tradição e talento individual" (Eliot), 66, 84
tradição "eurografocêntrica", 57
tradições orais, 76
transcriação, 102-4, 128, 130, 132-4, 165; criativa, 133; restrita ou funcional, 131, 133
"transnegressão de Arnaldo Xavier, A" (Lima), 48
Trésor de la poésie universelle (Caillois & Lambert), 172
Trindade, Solano, 34, 36
Tugny, Rosângela Pereira de, 116

Uchoa Leite, Sebastião, 177-8
Últimos cantos (Gonçalves Dias), 23
umbanda, 69, 93, 117
Universidade da Virgínia, 80
Universidade de Zurique, 12
Universidade Federal da Bahia, 56
Universidade Federal de Juiz de Fora (UFJF), 12
Universidade Federal do Rio de Janeiro (UFRJ), 12

"Vale quanto pesa" (Santiago), 68
Valentim, Rubem, 149
"valorização do feminino", 39
Veja, revista, 164
Verger, Pierre Fatumbi, 84, 125-7, 164-6
Veríssimo, Érico, 62
Veríssimo, José, 68
Viagem dos Exus (Santos Xavier), 149-50
Vianna Baptista, Josely de, 116
vilão, 96
violência, 21, 35, 37, 45, 47, 55-6, 62, 150, 180; literatura de denúncia da, 46; relação com as populações afrodescendentes no Brasil, 50; social, 62
"Visitação" (Pereira), 182-3
vissungos, 69, 117
Viva o povo brasileiro (Ribeiro), 59

Walter, Ronald, 27
Werneck Sodré, Nélson, 17
White, Steven, 80

Xavier, Arnaldo, 48

Zambi, 98
Zeosório blues: obra poética 1 (Pereira), 14
Zilberman, Regina, 68
"Zumbi é senhor dos caminhos" (Silva), 36

A marca FSC® é a garantia de que a madeira utilizada na fabricação do papel deste livro provém de florestas gerenciadas de maneira ambientalmente correta, socialmente justa e economicamente viável e de outras fontes de origem controlada.

Copyright © 2022 Edimilson de Almeida Pereira

Todos os direitos reservados. Nenhuma parte desta obra pode ser reproduzida, arquivada ou transmitida de nenhuma forma ou por nenhum meio sem a permissão expressa e por escrito da Editora Fósforo.

EDITORA Juliana de A. Rodrigues
EDIÇÃO Luciana Araujo Marques
ASSISTENTES EDITORIAIS Cristiane Alves Avelar e Mariana Correia Santos
PREPARAÇÃO Maria Fernanda Alvares
REVISÃO Andrea Souzedo e Sorel Silva
ÍNDICE REMISSIVO Maria Claudia Carvalho Mattos
DIREÇÃO DE ARTE Julia Monteiro
CAPA Gabinete Gráfico
IMAGENS DE MIOLO p. 146 — Abdias Nascimento, *Padê de Exu*. Acrílica sobre tela, 150 x 100 cm. Rio de Janeiro, 1988. Acervo Ipeafro/ Museu de Arte Negra; p. 147 — Abdias Nascimento, *Ritual de Exu*. Acrílica sobre tela, 100 x 81 cm. Rio de Janeiro, 1987. Acervo Ipeafro/ Museu de Arte Negra
PROJETO GRÁFICO Alles Blau
EDITORAÇÃO ELETRÔNICA Página Viva

Dados Internacionais de Catalogação na Publicação (CIP)
(Câmara Brasileira do Livro, SP, Brasil)

Pereira, Edimilson de Almeida
   Entre Orfe(x)u e Exunouveau : análise de uma estética de base afrodiaspórica na literatura brasileira / Edimilson de Almeida Pereira. — São Paulo : Fósforo, 2022.

   Bibliografia.
   ISBN: 978-65-84568-45-7

   1. Crítica literária 2. Diáspora africana — Brasil 3. Diáspora africana — Influência colonial 4. Literatura brasileira — História e crítica 5. Negros — Brasil — Religião — História I. Título.

22-124040   CDD — B869.09

Índice para catálogo sistemático:
1. Literatura brasileira : História e crítica   B869.09
Eliete Marques da Silva — Bibliotecária — CRB-8/9380

Editora Fósforo
Rua 24 de Maio, 270/276, 10º andar, salas 1 e 2 — República
01041-001 — São Paulo, SP, Brasil — Tel: (11) 3224.2055
contato@fosforoeditora.com.br / www.fosforoeditora.com.br

Este livro foi composto em GT Alpina
e GT Flexa e impresso pela Ipsis em papel
Pólen Natural 80 g/m² da Suzano para a
Editora Fósforo em setembro de 2022.